受注環境変化と中小企業の規模間格差

町田 光弘

まえがき

　新型コロナウイルス感染症は、2020年にパンデミックを引き起こし、同年には世界的な景気後退を招いた。その後、欧米を中心に景気が持ち直したことから需給がひっ迫し、原油をはじめとした原材料価格が上昇した。それにもかかわらず、脱炭素に向けた取り組みを背景に原油等の生産能力の拡大が進まなかったことや、2022年2月に始まったロシアのウクライナ侵略により原材料価格の高騰に拍車がかかった。需要回復で持ち直した中小製造業の経営は、原材料費、エネルギー価格の高騰による光熱費、物流費の上昇によるコスト高で圧迫されている。感染症については、社会経済活動の正常化の動きが進んでいるものの、コロナ前の水準を回復していない分野も少なくない。

　こうした社会経済環境変化の下で、わが国の企業経営も大きな影響を受けたが、中小企業、中でも小規模企業への打撃は特に大きかった。

　一方で、コロナ禍を契機として、営業活動や採用活動のオンライン化や在宅勤務を含めたリモートワークなどの働き方改革が進展している。昨今では、デジタル技術を活用してビジネスを変革するDX（デジタル・トランスフォーメーション）ももてはやされるようになった。デジタル技術の活用が求められるこうした変化に対して、中小企業には対応力が劣る企業も多いことから、企業規模間で経営状況の格差が拡大しているとみられる。

　このような厳しい状況に直面する中小企業の実態を正しく捉えることが必要であるが、近年の中小企業研究は、個々の中小企業に焦点を当て、経営の持続や改善に資する経営学的観点の研究が多い。SDGsをはじめとした多様な概念が次々と提起される中、そうした動きに対する経営のあり方を考えていくことは重要である。しかしながら、個々の経営には還元できない中小企業固有の問題もあることを忘れてはいけない。中小企業は、寡占的な市場において受注・販売価格が大企業と比べて低く、

経営資源に乏しいが故に社会経済環境の変化に対応しにくいといった構造的な問題を抱えている。

中小企業問題に対しては、多様な研究がなされてきた。その中で、中心的な課題の一つである下請制に関しては、戦中・戦後、下請の存立形態をめぐって藤田・小宮山論争が展開され、その後、系列化論争が巻き起こるなど活発な議論がなされた。また、高度経済成長期から安定成長期においては、中堅企業やベンチャー・ビジネスといった概念が打ち立てられ、それまでの中小企業の問題性を重視した見方とは異なる見解が登場した。明確な対抗軸に基づき、大いなる論争を展開することは、研究の深化にとって不可欠であるが、それには、多種多様な企業の個別経営分析だけでは不十分である。中小企業を群として捉え、そこに生じる問題やその背景を経済学的観点から研究することに大きな意義がある。

中小企業問題の根底にあるのは、大企業と比べた付加価値生産性の低さである。それが、どのような要因によって生まれるかは、戦後から高度経済成長期に活発に議論されたが、昨今、そうした議論はあまりなされなくなった。こうした状況の下、過去の中小企業研究の成果を顧みることなく、中小企業の労働生産性が低いことを、わが国の労働生産性の低さの要因とみなす見解までみられる。

本書では、規模間格差の推移と現状を把握し、その要因・背景や影響を明らかにすることを目的とする。その際、大企業と中小企業との格差のみならず、中小企業内格差も視野に入れることにより、今一度、規模の意味を問い、中小企業を研究する意義を見つめ直す。

目　次

5

<table>
<tr><td rowspan="3">序章</td></tr>
</table>

序 章　資本装備率や収奪で捉えきれない規模間格差の拡大

　中小企業の平均的な労働生産性は、大企業と比べて低い。2020年版『中小企業白書』は、中小企業・小規模事業者の労働生産性の問題を取り上げ、業種によって生産性が異なり、格差の度合いも違うことを示している。他の業種に比べて労働生産性が高い製造業においても、規模が小さくなるほど労働生産性が低下する（図表序 - 1）。

図表序 - 1　企業規模別・業種別の労働生産性（2016年）

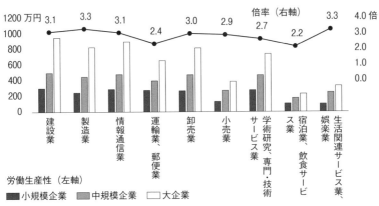

資料：中小企業庁編『2020年版　中小企業白書』より作成。原資料は、総務省・経済産業省「平成28年経済センサス - 活動調査」再編加工

（注）　労働生産性は中央値。倍率は、小規模企業に対する大企業の労働生産性の倍率。

企業規模間の労働生産性格差は、いつの時代にも存在し、それが大企業との対比で「中小企業」を認識する原点になった。すなわち、中小企業の収益率は低く、そこで働く労働者の賃金も少ないことなど、大企業と比べて悲惨な状況にあることが問題視されたが、それが中小企業の労働生産性が低いことによるものと考えられたのである。

　中小企業の労働生産性が、大企業と比べて低い原因については、二つの有力な見方が提起されてきた。一つ目は、中小企業の物的生産性が低いことへの着目であり、資本装備率が低いことがその要因とされた。そのため、設備の近代化を中心とした政策的支援が行なわれてきた。二つ目は、中小企業の価値実現力が劣ることへの着目であり、取引価格の面で中小企業が不利なことが問題とされた。すなわち、寡占的な市場の下での大企業との取引において、下請中小企業の受注価格が抑制されていることや、過小過多と言われたように中小企業が多すぎることによって過度の競争がなされ、中小企業製品の販売価格が不当に廉価になっているという見方である。そうした事業活動の不利を是正するため、下請取引の適正化や独禁法適用除外による過当競争の制限などの政策的支援が行なわれてきた。

　これまで様々な支援がなされてきたにも関わらず、企業規模間格差は高度経済成長期の終焉以降、縮小するどころか拡大傾向にある。この事実は、格差縮小を目的とした中小企業政策、その背後にある企業規模間格差の原因の捉え方が十分ではなかったことを示唆するものでなかろうか。

　中小企業においても一部に労働生産性が高い企業があるとの指摘もあるが、数が圧倒的に多く多種多様な存立形態にある中小企業において、大企業以上に収益性が高い企業が一定数存在することは当然である。こうした捉え方は、生産性の問題を個々の経営に還元してしまう見方であり、それで問題が解決するならば「中小企業」として捉える必要はなくなる。中小企業を層として捉え、平均値でみても中央値でみても大企業と比べて生産性が低いことの原因や背景を考察しなければ、個々の中小

企業の経営努力が足りないといった短絡的な見方が出てきてしまう。多角的な考察により、規模間格差の要因を分析したうえで、規模が小さい企業が果たす役割について正しく評価する必要がある。

　本書では、規模間格差の推移とそれが変化した背景について考察することで、規模の意味について検討する。その際に、従来からの見方である物的生産性や受注・販売単価といった供給面、価格面の視点だけでなく、受注・販売量という需要面かつ数量面の観点を付加することが本書の特徴である。なお、労働生産性は、労働一単位当たりの付加価値のことであるが、本書では、以下、引用箇所を除き、従業者1人当たりの1年間の名目付加価値額である付加価値生産性という用語を用いる。

　本書の体系は、以下のとおりである。

　第Ⅰ部で、付加価値生産性の規模間格差、特に、中小企業内格差拡大の実態と要因を検討する。その際、これまでの生産要素の多寡や業態、最低必要資本量から説明するというアプローチだけでなく、受注環境を重視して分析する。

　第1章では、中小企業が社会的・経済的意義を持つものの、多くの問題を抱えていることを示し、中小企業に対する認識の変遷について略述する。そのうえで、「中小企業」「小規模企業」「小零細企業」という用語の定義を示すことによって、中小企業が大企業との関係の中で一体としての存在でありながら、規模に応じて多様な性質をもつことを示す。

　第2章では、企業規模間格差が発生・存在する要因についての代表的な見解を吟味し、それを第一に、企業内部の投入産出関係に注目するか企業間関係に注目するか、第二に、供給面を重視するか需要面を重視するか、第三に、数量面を中心とするか価格面を中心とするかという3つの視点から整理し、規模間格差に関する諸理論を位置づける。

　第3章では、企業規模間格差の推移について時代別に検討する。格差は、高度成長期に縮小したが、安定成長期以降に拡大した。そして、バブル経済崩壊後のグローバル化の下においては、中小企業内での格差が拡大していることを示す。

第4章では、景気循環と企業規模間格差の関係について考察する。巨大企業は、景気変動に敏感に反応し、付加価値生産性や営業純益が景気拡大期に拡大するが、景気後退期には大きく落ち込み、それが規模間格差に影響を与える。その中で、景気後退期に、中小企業上位層と下位層との格差が拡大することを示す。

　第5章では、1990年代後半以降広がる規模間格差を従来から提起されてきた3つの理論で説明できるかについて検討する。そのうえで、社会経済の成熟化やグローバル化が中小企業に及ぼした影響を考察し、受注環境論という見方を提起する。

　第6章では、中小企業内格差の拡大に焦点を当て、中小企業上位層の内製化の動きや競争環境の変化が各規模層に与えた影響などについて企業事例を通じて考察する。

　第Ⅱ部では、需要縮小期の2000年以降における中小企業、とりわけ小零細規模層の存立基盤をみることによって、企業規模間格差が拡大した背景を業種という観点から考察する。

　第7章では、中小企業の縮小要因について、シフト・シェア分析によって分析する。すなわち、産業による成長度合いの違いが中小企業にとって有利に働いたのか不利に働いたのか、それがどの程度なのかを試算する。

　第8章では、業種別規模別企業数の増減を検討する。わが国製造業における需要規模が縮小し、小規模企業が退出していく中で相対的に大企業上位層が地位を高めていった業種や、需要の急激な縮小の下で、大企業上位層さえもダウンサイジングを迫られ、規模構造が下方にシフトしていった業種もみられることを示す。

　第Ⅲ部では、企業規模間格差の拡大が、規模間賃金格差、営業純益格差にどのような影響を与えたかをみることによって、我々の生活や小零細企業への影響を考える一助とする。また、企業規模間格差に影響を及ぼす中小企業政策について考察する。

　第9章では、1960年代以降の賃金格差を企業規模別に検討する。特に、

賃金格差が緩やかに拡大した 1970 年度から 1990 年度、格差が急激に拡大した 1993 年度から 2003 年度、格差が固定化した 2003 年度から 2020年度の 3 つの時期に区分し、付加価値生産性や営業純益との関係から分析する。

　第 10 章では、中小企業政策の流れを略述する。戦後、旧中小企業基本法の下で近代化への支援が行なわれ、1999 年に改訂された新中小企業基本法の下での経営革新支援等による「やる気と能力のある中小企業」の支援に重点が置かれるようになった。こうした政策が規模間格差に与えた影響について考察する。

　終章は、本書のまとめである。

第Ⅰ部

規模間格差の
理論、歴史、要因

第1章 中小企業と規模間格差

中小企業は、わが国に大企業が誕生し、大企業との関係で問題視されたために生まれた概念である[注1]。本章では、中小企業の意義や問題、そして定義についてみていく。

1. 中小企業の一体性と規模間格差

中小企業は、中規模企業、小規模企業といった単なる規模の大小を示すのではなく、独占大資本に直接的・間接的に搾取される存在として一体的に捉えられた。山中（1968）は、中小企業としての一体性について次のように述べている。「中小企業を眺め、その対策を考える場合、相手方は中小企業という一体であって、中企業と小企業と別々になるものではないということである。いいかえれば、中企業、小企業をそれぞれ別個のものとし、その上でそれを算数式に合計したものが中小企業になると見ては間違いだということである。（略）われわれの当面の問題は、そのなかをさらに細分するしないは別とし、別々の中と小とではなく、

注1）「中小企業」という表現が行政機関で正式に使われるようになったのは、1947年2月15日の「中小企業振興対策要綱」の閣議決定とされる。それまでは、小工業、中工業、中小工業、中小商工業、中小企業等々の表現が使われていたが、「中小企業」という表現に統一され、建設業、運輸業、サービス業等も包摂できるようになったといわれる（渡辺、2015、p.83）。

一体として、共通の性格をもつと考えられる『中小企業』なのである（p.29）」。

　その一方で、中小企業は、「異質多元」的存在であり、労働生産性をみても差が著しい[注2]。例えば、大企業製造業の労働生産性は1,171万円であるが、中小企業の中でも約1割は大企業平均を上回る高い労働生産性を達成しているとされる[注3]（図表1-1）。

　量的観点では、中小企業には業主1人で、年間の売上高が数百万円という零細企業がある。その対極には、グループの売上高が1,000億円を超え、従業員数5,000名といった巨大な企業もある[注4]。しかし、そう

図表1-1　労働生産性の累積分布（製造業）

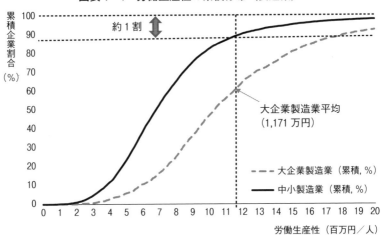

資料：中小企業庁編（2016）（第1-3-4図）。
(注)　従業員数50人未満もしくは資本金又は出資金300万円未満の会社は含まない。平成26年企業活動基本調査の個票を集計し、労働生産性（従業員一人あたり付加価値額）の分布を10万円/人毎に集計し、累積を計上。

注2) 売上高経常利益率についても、中小企業の平均1.8％は、大企業の平均3.2％を下回っているが、大企業の平均を上回る中小企業が24.8％存在する（中小企業庁編、2011、p.63）。

注3) ただし、従業員50人以上の集計なので、中小企業の中でも相対的に規模が大きい企業についての割合であることに注意が必要である。

した企業を「中小企業」と捉えることが適切であるかには疑問が残る。

　中小企業における経営、賃金の実態も様々である。例えば、夏や冬になると、賞与の増減や多寡が話題になるが、規模の小さな企業では、そもそも「賞与なし」という企業も少なくない。大阪シティ信用金庫が取引先企業に対して行った調査では、2022年夏にボーナスを支給する予定の企業は59.9％であった[注5]。支給企業割合は、2012年の49.4％を底に持ち直していたが、6割程度で頭打ちとなり、新型コロナウイルス感染症の影響が大きかった2020年には50.4％に低下した。

　黒瀬（2012）は、「複眼的中小企業論」を提唱している。これは、「中小企業は発展性と問題性の統一物」という観点から、問題性を打ち破って発展性の十全な発揮に成功する企業（企業家的中小企業）、発展性と問題性を共に抱える企業（半企業家的中小企業）、問題性に押しつぶされ、発展性を消失させる企業（停滞中小企業）に分かれるとする見方である（p.139）。企業家的中小企業へと移行するには、需要情報発見活動の困難、大企業の参入、人材獲得の困難を克服し、経営者が「戦略型経営者」に成長することが必要と説いている。

　中小企業を画一的に捉えるのではなく、発展性のある中小企業と問題性のある中小企業とが混在するものと捉えることは、実態をより的確に捉えた見方である。このような見方は、中小企業という群を一定の条件の下に置かれたひとまとまりの存在と捉えた上で、中小企業を個々の経営の違いによって分類するものである。

　ただし、中小企業の多様性を個々の経営に還元してしまえば、それが中小企業として抱える問題であるのか、企業一般としての問題であるのかが曖昧になってくる。

　こうしたことから本書では、中小企業を大企業との対比で捉え、さら

注4）小売業の場合、資本金が5,000万円以下であれば、量的要件からは中小企業となる。

注5）大阪シティ信用金庫「中小企業の2022年夏季ボーナス支給予定」2022年6月23日。

に、中小企業をいくつかの層から成り立つ企業群として捉え直す。その際、大企業と中小企業とを分かつ「企業規模」という観点で分析することが、中小企業の本質を再考するうえで有意義であると考える。

　分析の着眼点は、付加価値生産性である。付加価値生産性は、アウトプットとなる付加価値量をインプットとなる労働投入量で割ったもので、いわゆる労働生産性のことである。分母は労働時間や従業員数、分子は付加価値額や粗付加価値額が用いられる。例えば、中小企業庁編（2008）では、「法人企業統計年報」から大企業と中小企業の労働生産性（従業員一人当たりの粗付加価値額）の推移を実質ベースで算出し、「製造業の大企業の労働生産性が特に2000年に入ってから急激に上昇し、大企業と中小企業の格差が拡大している（p.28）」と指摘している。本書では、生産性自体の時系列比較が目的ではなく、各時点における規模間の付加価値生産性格差を問題にしているので、実質化せずに名目値で付加価値生産性の規模間格差拡大を分析する[注6]。

　では、規模間格差が存在すること、それが拡大することにいかなる問題があるのであろうか。

　まず、マクロ的には生産性の低い企業層の存在が、わが国経済の成長を阻害するという視点がある。深尾（2012）によれば、1995年以降も日本の生産性上昇が停滞した主因は、多くの中小企業が生産性上昇に取り残される一方で、生産性の高い大企業が生産や雇用を拡大しなかったことにある（p.178）。このような考え方は、冒頭でみたような、規模が小さい企業の生産性を所与として受け入れ、それを排除すれば平均的な生産性を上昇させることができ、ひいてはわが国経済の低迷を脱することができるという短絡的な見方に通じかねないので注意が必要である。

　ミクロ的には生産性の低さは、従業員への賃金支払い能力の低下につながるだけでなく、資本蓄積の困難をもたらし、生産性の低迷にとどまらず、企業の発展や継続をも困難にする。後述するように、わが国の製

注6）減価償却費を含む従業者一人当たりの名目粗付加価値額を用い、労働時間については考慮していない。

造業企業数は、2000 年代以降、急激に減少している。

　こうしたことから、規模間格差の実態を把握し、階層構造が持つ意味を今再び問い直す必要があるが、そうした研究は少ない[注7]。本書で取り上げる所以である。

2.　中小企業の意義と中小企業問題

（1）中小企業の意義

　中小企業は数の上で圧倒的な割合を占めている。わが国には、2016 年に 382,478 者の製造業企業が存在し、そこで 9,496,692 人が働いている[注8]。そのうち、中小企業は、企業数で 99.5％、従業者数で 65.3％を占める[注9]。

　第 10 章で述べるように、中小企業は、大企業の独占的な振る舞いによる消費者への不利益を抑制するための対抗力である。また、中小企業は、大企業を中心とした輸出企業の下請企業群として、その国際競争力を支える基盤産業としての役割も果たしてきた。さらに、ベンチャー企業などを生み出す経済活性化の苗床機能としての意義も有する。時代背景に応じてその比重は異なるものの、3 つの重要な役割を果たしうる存在であるが、同時に多くの問題を抱え、十分な意義を果たせないので支援が必要とされる。では、中小企業が役割を発揮する上での根本的な問題は何であろうか。

注7）近年における中小企業内の規模間格差という視点では髙田（2003）があり、1980 年代から 90 年代の中小企業構造の分析を通じ、「資本金 5,000 万円～1 億円未満の中小企業上位層では相対的に堅調な収益状況に推移しており、（略）資本金 200 万円未満層、200～500 万円未満層では業績がよくない傾向」にあると指摘している（p.168）。

注8）企業数＝会社数＋個人事業所（単独事業所及び本所・本社・本店事業所）従業者数は、会社及び個人の従業者総数。

注9）中小企業庁編（2022）付属統計資料 1 表、2 表。

（2）中小企業問題

　中小企業は、大企業に比べて不利な立場にあり、様々な問題をもつことが指摘されてきた。黒瀬（2012）は、「中小企業問題には資本蓄積に対する制約の仕方により、収奪問題、経営資源問題、市場問題の３つがある」（p.112）としている。

　まず、収奪問題とは「中小企業の生産した価値が取引上の優越的地位により寡占大企業に吸収されることである」（p.112）。これは、中小企業が寡占大企業と取引する中で、販売寡占により原材料等の購入価格が高くなる一方で、購入寡占により販売価格が低くなるというものである[注10]。

　従来の購入独占に基づいて安い価格で買い上げるという価値の収奪だけでなく、価値の源泉となるノウハウを収奪することも問題とされる。その典型例が、金型の製造委託取引において、金型メーカーのノウハウが含まれた金型図面や金型加工データが、金型メーカーの同意のないまま、海外で金型の増面や類似の金型の製造委託に利用されるという問題である[注11]。価値の収奪である場合は、取引継続の可能性が高く、下請中小企業にとっては成長が阻害されたとしても、存立基盤は直ちには失われない。しかし、価値の源泉が失われ、受注機会が海外等へ流出すると、存立基盤そのものが失われてしまう。

　次に、経営資源問題は「中小企業が大企業に資金、労働力といった経営資源を優先吸収されるため、経営活動を制約され、価値生産が抑制されることである」（同 p.116）。中小企業は、資金調達が難しく、銀行から借りることができる場合でも、高い金利での借り入れとなるなどの不

[注10] とりわけ、独占的大企業による中小企業の収奪問題は深刻な問題とみなされた。巽（1988）は、大企業の独占的超過利潤として主な源泉を列挙したうえで、中小企業の利潤からの収奪が約80％を占めるとした（p.280）。独占的大企業が独占的な購買力・販売力に基づき、中小企業との取引から利潤を獲得していたという見方である。

[注11] 経済産業省製造産業局素形材産業室「金型図面や金型加工データの意図せざる流出の防止に関する指針について」平成14年7月12日。

利がある。大企業の銀行からの資金調達が減少し、中小企業の借り入れは、高度経済成長期よりは容易になったとみられる。しかし、1997 年、1998 年の「貸し渋り・貸し剥がし」問題や、リーマン・ショック後の不況期にみられたように、中小企業にとっての不利な面は残っており、経済危機のたびに顕在化している。

　労働力については、高度経済成長期には仕事量に見合った労働力を確保できず人手不足の問題があったが、1970 年代後半以降では、中核労働者の不足という質的問題へと移行した（黒瀬、2012、pp.319-322）。1990 年代以降にも、中核労働者の不足は継続し、技術者・研究者、技能工、情報技術者、企画・デザイン、販売・営業担当者といった専門人材の不足感が強いとされる（同、p.399）。こうした問題は現在でも持続している。大企業からの下請に依存できない中で、グローバル化、情報通信革命の進展に対応し自ら需要を開拓するための人材、イノベーションを進める人材が不可欠であるが、そうした人材が不足していることが問題である。

　第三の市場問題は、「寡占大企業の行動により中小企業の市場が圧迫され、商品価値の実現が困難化する」ことである（同 p.123）。これは、寡占大企業が中小企業分野に進出するという直接的な圧迫や、新産業を生み出すことによって旧来の素材を使った中小企業製品の需要が縮小するといった間接的な圧迫である。1990 年代以降は、東アジアでの現地生産や委託生産、そこからの部品調達による中小企業市場の縮小が問題である（黒瀬、2012、pp.372-377）。例えば、薄型ディスプレイパネルのテレビの生産にみられるような大企業の新分野進出によるコンビナート型生産に伴う下請業務の減少は、中小企業にとっての存立基盤を縮小させることになった。

3.　中小企業に対する認識の変遷

（1）小工業問題から中小企業問題へ

　中小企業問題は、当初、小工業問題として議論され始めた[注12]。わが

国の産業資本確立期において、大工業段階における小工業の残存条件などが問題になる中で、1917 年には社会政策学会のテーマとして「小工業問題」がとりあげられた。

その後、第 1 次大戦後の反動恐慌（1920）、震災恐慌（1923）、金融恐慌（1927）、世界恐慌（1929）という連続的な不況期に中小工業の倒産が激増し、「中小企業問題」が明確になった。戦時下には、戦争遂行のために計画拡充すべき産業において優秀な中小企業を選んで大企業の協力工場にするなど中小企業の整理統合が促進された（有田、1997、pp.10-14）。

(2)　二重構造論

戦後は、復興から成長へと向かう中で、有沢廣巳により「二重構造論」が提起され、遅れた中小企業の存在が成長の隘路になるとして問題視された。1957 年度に発行された『経済白書』では、わが国経済は、大企業を頂点とする近代的部門と農業、小企業等の前近代的な部門に分かれ、「いわば一国のうちに、先進国と後進国の二重構造が存在するのに等しい」（経済企画庁編、1957）と言われた。その原因としては、資本力に劣る中小企業において従業者 1 人当たりの資本が少なく、付加価値生産性が低いことが問題とされた。

金融市場不完全性により資本という経営資源が不足する中小企業は、資本装備率（従業者 1 人当たりの資本ストック）が少なく、技術導入も進んでいないため物的生産性（従業者 1 人当たりの生産量）が低くなる。さらに、販売寡占といった生産物市場不完全性により、収奪問題が発生し低価格での販売を余儀なくされる。このため売上額が小さくなり、従業者 1 人当たりの付加価値額も少なくなる。このような付加価値生産性

注12) 中小企業問題の発生については、松方財政による不況を契機として進行した地方産業の衰退に対して、「在来産業問題」として農商務省の『興業意見（1884年）』、前田正名の『所見（1982年)』により提起されたことがあげられている（有田、1997、p.8）。

格差のため、従業員に支払える賃金も小さくなり、賃金格差が生じる。それによって、中小企業が労働者から敬遠され、労働力の獲得が困難になるという経営資源問題が生じる。このように、中小企業問題は、付加価値生産性を中心として相互に関連している。

　中小企業は、低賃金労働に依拠し、技術水準も低い存在として認識されていた。高度経済成長期以降には、急速に高度化する大企業の発展にとって、遅れた中小企業が制約となると捉えられた。こうした見方は、中小企業と大企業との企業間取引分業関係における、その階層性、問題性を指摘する「問題性重視論」であり、その後も中小企業を認識する上で有力な見解であり続けた。

　こうした状況に対して、1963 年に制定された中小企業基本法では、生産性等の面で遅れた中小企業を「近代化」させ、生産性の向上を図ることが中小企業政策の一つの柱となり、設備近代化のために政策的な支援がなされた。また、親企業となる大企業も、高度経済成長期に需要が急増する下で、自らの供給力・競争力の向上に資するように、下請企業の生産性が高まることを望んだ。このため、長期継続的な取引関係を構築し、技術指導を行なうなどの対応により育成を図った。

　高度経済成長期には、中小企業との資本装備率の格差は縮小し、親企業からの技術移転の成果と相まって付加価値生産性格差も縮小した。また、家族労働力などの低賃金労働力は縮小に向かった。

(3) 経済環境変化と中小企業の「多様化」

　高度経済成長は、1970 年代の 2 度の石油危機により終わりを告げた。しかし、わが国の機械工業が石油危機を乗り越え、高い国際競争力を示したことによって、日本的生産システム、下請取引関係への評価が高まった。そこでは、大企業と下請企業との長期継続的取引関係の中で生まれる「企業専用資産」「専用技能」が重視され、下請取引についても高い能率が評価された[注13]。それとともに、1 次サプライヤーだけでなく、零細企業も含めた 2 次サプライヤー以下も裾野産業、基盤産業とし

て評価され、「積極評価型中小企業観」が有力となった。中小企業の中でも、大企業の成長とともに成長する下請企業も少なくなかった。このため、二重構造論で指摘された中規模層の薄さも改善した。

　さらに、中村秀一郎が1964年に『中堅企業論』を、清成忠男・中村秀一郎・平尾光司が1971年に『ベンチャー・ビジネス』を著し、近代的大企業と前近代的な小企業等の間に、中堅企業、ベンチャー企業が誕生、増加していることを示したことが中小企業に対する認識を変革する大きな効果を発揮した。

　中小企業の役割を積極的に捉え、その意義を強調する見方が有力になるなど、中小企業像が多様化する一方で、1980年代半ばには、開業率が低下し始める。このような状況の下で、過小過多・過当競争・格差などを中心とした中小企業観と、それらの是正を目指す政策理念は陳腐化したかのようにさえ思われるようになった。

　こうしたことから、大企業との格差にあえぐ問題を抱えた「弱者」としての中小企業観から、経済に「貢献」する中小企業としての見方への転換が有力になる中で、1999年に中小企業基本法が改正され、経営革新施策などによる「やる気と能力のある中小企業」を支援することが新基本法の方針となる。

（4）企業数の減少と「ちいさな企業」への配慮

　しかし、「中小企業が『弱者ではない』とするならば、その発展は全般的な経済政策や産業政策に委ね、その下での中小企業の自力による発展に任せるべきであって、企業規模を限定した公共政策である中小企業政策はその存在の意味を失うことになろう（有田、2001、p.15)」との見解は正鵠を射たものである。「やる気と能力のある中小企業」への支

注13)「企業専用資産」は、特定の企業の生産活動にとって有用な専用の資産である。専用の生産設備は汎用機器に比較して自動化が容易であり、高い能率を実現することが可能である。「専用技能」は、従業員の当該課業に対する習熟効果を高めることにより、生産性を高めている（港、1996、pp.60-61)。

援が重点化され、そうでないとみなされた規模が小さい企業の多くは結果的に取り残され、小零細企業は急激に減少していった。

　こうした状況の下で、支援が行き届きにくい小規模事業者に焦点を当てた施策体系へと再構築することが求められるようになったのである。その結果、第10章でみるように中小企業基本法が再度改正され、小規模企業対策も重視されるようになった。

4. 中小企業の定義・要件

(1) 現在の中小企業・小規模企業の定義

　「中小企業」は、中小企業基本法において量的に定義されている。製造業においては、現在、「資本金3億円以下又は従業員300人以下の会社、及び従業員300人以下の個人事業者」とされる。これは、特定の規模の企業を政策的に支援するために定義されたものであり、「大企業」の定義は特に明示されていない[注14]。

　また、「小規模企業」「小企業」という概念も提示されている。中小企業基本法第2条では、小規模企業者とは、「おおむね常時使用する従業員の数が二十人（商業又はサービス業に属する事業を主たる事業として営む者については、五人）以下の事業者をいう」とされている。また、小規模企業振興基本法2条においては、「小企業者とはおおむね常時使用する従業員の数が五人以下の事業者をいう」とされる。

(2) 中小企業の実質的要件と形式的要件

　こうした量的な線引きは、規模に基づく質的な差異が存在するとの見方からなされたものである。1963年の中小企業基本法制定時には、それまで各法律でバラバラに規定されていた定義について、原則的な基準が示されたが、その際の考え方としては、中小企業の実質的要件は、「企

[注14]　会社法では、「資本金として計上した額が五億円以上」「負債の部に計上した額の合計額が二百億円以上」のいずれかに該当する株式会社を「大会社」という（第2条第6項）。

業間格差の底辺構造に位置することおよびそのような格差を企業自体の力では是正する能力に乏しい企業であること（中小企業庁、1963、p.118)」とされた。「格差是正能力は、製造業等では設備資金の調達能力いかんがこれを左右するものであるが試みに証券市場における資金調達力についてみると、払い込み資本金5千万円以上の企業にあっては内部留保を加えた実質資本金額、およびこれを形式的に資本金として行ないうる配当の率は、一応株式公開の最低条件を満たしている（同p.119)」が、資本金額5千万円以下の企業ではそのような実質を備えていないので、資本金額5千万円以下を中小企業とすることが妥当であると考えられた。

　また、従業者規模については、「従業員規模300人の企業はほぼ5千万円の資本金を有する状態にある（同p.119)」とし、資本金規模との相関関係から従業員基準を設けている[注15]。

　「二重構造論」に代表されるように、中小企業と大企業の格差が問題視され、その根本原因として資本力の差が存在するという見方に基づいて中小企業の範囲が定められた。証券市場から社会的に資本を調達できるか否かが、資本装備率、生産性、賃金格差につながるという観点から、まず、資本の多寡で中小企業を定義することになったのである。

（3）小規模企業の要件

　小規模企業の定義は、製造業で「従業員10人未満の企業については、その企業所得は実質的に賃金所得と同程度にすぎない、いわば『生業的』企業であること、業種・業態の違い等を勘案し、極力上限を定めるようにすべきであること等を考慮し、従業員20人とされた（中小企業庁、1963、p.295)」。そうした上限の設定については、生産性の向上や取引条件の向上が簡単には期待できない企業者に限定する観点から、剰余率（企業の付加価値額に占める付加価値額から現金給与総額を引いた額の

割合）を計算し、その割合が低い企業を、①生業的企業であること、②資本の再生産が困難であることが考慮された上で設定された（中小企業庁、2012、p.13）。

　一方、小企業については、小規模企業基本政策小委員会とりまとめ報告書（案）では、企業内の組織体制別類型化を行い、小規模事業者の中でも、総務部門、営業部門といった法人の組織を備えているものもあれば、組織化されていない事業者もいるとして、「総務部門や営業部門が独立していないような事業者や個人請負を行っている事業者（おおよそ従業員5人以下の企業）」を小企業者としている（中小企業庁、2014、p.14）。

　以上をまとめると図表1-2のようになる。

図表1-2　中小企業（製造業）の範囲

名　称		要　件	根拠・説明
大企業		中小企業でない企業	
中小企業		資本金3億円以下又は従業員300人以下の会社、及び従業員300人以下の個人事業者	証券市場で資本調達ができない（格差を自力で是正する能力に欠ける）
	小規模企業	従業員20人以下	資本の拡大再生産が期待できない
		小企業　従業員5人以下	法人の組織が備わっていない

資料：本文中の各種文献により筆者作成。

（4）小零細企業の概念

　小規模企業及び小企業については、中小企業研究では、小零細企業という概念が重視されてきた。中山（1983）は、「中小企業は弱小資本であっても、本質的には雇用労働力に依存する資本制企業の一員であり、大企業に支配・収奪されながらも、自らの階層的地位に応じて下層企業および労働者に負担を転嫁することができる。これにたいして零細層は、自家労働を主体とする『生業』的経営であって、若干の雇用労働力

を使用しているばあいも、資本家としての性格のうすい中間的階級である（p.65)」とする。

さらに、「自家労働と雇用労働への規模階層別の依存度によって『小』と『零細』を区分することが妥当（中山、1983、p.69)」とされる。具体的には、「零細経営」の上限は、「従業者四人規模事業所では業主側二人と労働者二人という労使半々の人員構成になり、五人規模になると業主側二人と労働者側三人という構成になり、事業主にとって自家労働よりも、企業家として『搾取者』としての性格がより強くなる（中山、1983、p.69)」ことから従業者4人とした。さらに、事業主と家族従業者の直接的な作業への参加の観点から従業者9人を「小企業」の上限としている。すなわち、圧倒的に自家労働に依存する従業者規模で4人以下を「零細」勤労業者として、5〜9人規模を「小企業」（勤労者的性格と資本家的経営の中間的存在）と規定し、両者を合わせて「小零細企業」とよんでいる（p.70)（図表1-3)。

このように「企業」とされるものが、実質的には「労働者」側か、小なりといえども「資本」の側に位置するかが重視されたのである。

図表1-3 中小企業における従業者規模に関する類型

類 型		労働力構成	事業主側の直接的な作業への参加	従業者規模
中小企業		雇用労働に依存	なし	10人以上
小零細企業	小企業	雇用労働が主	あり	5〜9人
	零細（勤労業者）	自家労働が主	あり	4人以下

資料：中山（1983）に基づき筆者作成。

（5）資本蓄積の観点からみた分岐点

中小企業は、意義のある存在であるものの、その役割を十分に発揮できないのは、資本の不足によるもので、特に、小規模企業では資本の蓄積が困難である。さらに、零細企業においては資本としての実態を備え

ていない。そのため、大企業と比べて問題を抱える存在となり、支援が
必要とされる。

　粗付加価値額から賃金を支払って残った残余額は、新たな投資の源泉
となる。資本の再生産という観点から、粗付加価値額から賃金を支払っ
た残余額が粗付加価値額に占める比率（剰余率）をみてみよう（図表
1-4）。

　1990年代以降の剰余率の推移をみると、製造業合計では安定してい
るものの、29人以下の規模では低下傾向にある。ただし、この剰余率は、
粗付加価値額と現金給与総額が同額増えると、企業にとって残余額が変
わらないにも関わらず低下する。このため、粗付加価値額から現金給与
総額を引いた額を「剰余額」とし、それを従業者数で基準化した「従業
者1人当たり剰余額」及び、その1,000人以上規模の値を100とした各
規模層における指数を算出する。この値が低ければ、設備投資等に回す
ための従業者1人当たりの資本蓄積が相対的に困難なことを意味する。

図表1-4　企業規模別の剰余率と従業者1人当たり剰余

企業規模	剰余率（％）			従業者1人当たり剰余額					
				金額（万円）			指数 （1,000人以上＝100）		
	1990年	2000年	2010年	1990年	2000年	2010年	1990年	2000年	2010年
合計	66.5	65.6	67.5	757.9	865.2	886.3	―	―	―
4〜19人	55.2	48.2	47.9	352.1	302.8	268.7	22.7	16.9	15.7
20〜29人	58.2	53.2	53.1	441.2	415.8	372.3	28.4	23.2	21.8
30〜49人	57.7	55.9	57.1	446.5	475.8	458.9	28.7	26.6	26.8
50〜299人	62.4	62.3	64.0	573.2	671.8	673.5	36.9	37.5	39.4
300〜999人	68.3	68.3	69.3	909.9	1,078.8	1,039.4	58.6	60.2	60.8
1,000人以上	73.9	73.0	74.0	1,553.6	1,790.7	1,709.5	100.0	100.0	100.0

資料：経済産業省「工業統計表（企業統計編）、（産業編）」
(注)　剰余率＝（粗付加価値額－現金給与総額）／粗付加価値額
　　　従業者1人当たり剰余額＝（粗付加価値額－現金給与総額）／従業者数
　　　指数は、1,000人以上の従業者1人当たり剰余額を100とした指数。
　　　なお、剰余率は、企業単位の粗付加価値額ベースであるため、中小企業庁（2012）と
　　　は一致しない。

指数は、50 人以上で上昇傾向にあるのに対して、30〜49 人層を含め 49 人以下の規模層では低下している（図表 1 - 4）。小規模企業の定義による 20 人というより、50 人以上の層と 49 人以下の層とで企業規模間格差が 1990 年代以降拡大している。

　このように、生業的性格を持つか否かという観点では、「自ら働く」勤労者的経営としての性格を持つ従業者規模 9 人以下の小零細企業を一つの規模階層とみなすべきであり、資本の再生産という観点からは従業者規模 50 人が分岐点となっている。

5.　中小企業の階層性

　大企業と中小企業という二分法で、格差が問題視されたのは、一定の規模以下の企業である「中小企業」が、それと対比される「大企業」とは異なる特徴を「層」として共通して持つからである。しかし、中小企業について詳しくみると、資本や従業員数といった規模によって付加価値生産性格差や賃金格差がみられ、多層化している。

（1）下請関係に基づく階層性

　中小企業内格差を生み出す背景としては、下請関係に基づく階層構造が問題とされ、巽信晴による理論的な把握や中央大学経済研究所による実態分析などがみられた。

　巽（1960）は、「金融資本・独占資本は一般的な集中・支配の諸形態の一環として、中小企業にたいする直接的な支配形態としての下請制的支配＝外業部的支配を、独占利潤収奪の機構として利用し、非独占・中小工業を種々の支配方法と支配形態で収奪している（p.90）」とする。「下請制支配のもとでは、中小企業のうちとくに中規模の近代的な専属的下請企業が上層に再編成され、浮動的な前期的な零細小規模経営がその基底に存在するという階層をなしている（p.32）」と述べる。

　また、中央大学経済研究所（1976）は、「『特別利潤』の吸収は、重層的連鎖的な階層的競争構造の中では、次々に上位のものほど大幅なもの

が吸収されるというしくみ（p.10）」になるとみた。それは、「加工賃の『分単価』の、階層別のきわめて明確な階段状のあり方（p.8）」に示されるもので、階層構造形成のファクターとして、「機械・設備」「生産物」「労働力」「労働力供給母体ないし過剰人口の形態」「その労働力の供給母体となる背後過剰人口の形態」などが取り上げられ、日立製作所下請企業構造の実態分析が行われた。

　下請構造を階層構造の中心に据えたのは、「全体としての中小企業にたいする独占資本の支配は、この直接的な支配形態のもとにある中小企業への収奪・利用を軸として、市場競争をつうじ残余の中小企業を支配し収奪し、全体としてのその経営の正常な発展を阻碍し、停滞化させる傾向をもっている（巽、1960、p.279）」と考えられたためである。

（2）資本量に基づく階層性

　規模間格差は、独占企業との取引関係、とりわけ大企業と下請取引を行うことによって生じたという見方に対して、中小企業を下請構造から捉える見方に批判的な見解は高度経済成長期にもみられた。中村（1961a）は、中小企業＝下請企業とみるのは極めて一面的な観察であるとして、「中小資本の『量』から規定される『競争上の質または階層性』に注意すべき（p.74）」と主張した。すなわち、「資本は一般により高い利潤を求めて、その低い部門から高い部門へと移動するが、その移動の範囲は当該資本の規模によって制約されている（中村、1961a、p.29）」のであり、階層間の移動が難しいのは、大規模部門では「技術水準が高く資本単位が大きくかつその有機的構成が高度化し、固定投資の厖大化をもたらしている（p.30）」からである。さらに、中小資本の中では、「同一階層間の競争の程度が低く有利な自主生産の潜在的機会の大きい中小企業上層部においては、この購入独占－大量発注に依存して、収奪を受けつつも剰余価値の一定量の取得－資本蓄積が可能である（p.56）」のに対して、「小規模部門であればあるほど、同一部門内における競争が激化し、製品価格は低下し蓄積の可能性が阻止される（p.57）」とみて

いる。これは、取引面での関係性の中から中小企業内格差が生まれるというよりも、資本量の差が市場における競争を通じて、格差を生じさせるという見方である。

　取引関係が流動化し、1次下請、2次下請といった業態での分析が難しくなる中で、中小企業を第一義的に規定する資本量に着目して分析することは有力な視点である。近年、大企業は、資本集約度を高め装置産業化しており、一定の資本量なしでは参入できない市場も増えている。資本量による階層化という視点も重視すべきである。

　ただし、中小企業を量的に規定するもう一つの従業員数についても、重要性が一層増している。グローバル化・情報化が進む中で、そうした経済環境変化に対応したモノづくりを進めていくには、それに適応できる人材確保が不可欠である。しかし、少子化・サービス経済化が進む中で、中小製造業にとって従業員の確保は厳しさを増している。もとより、人的資源の質が重要であることは論を待たないが、良質な人的資源確保は量的な人材確保と一定の相関があることも事実である。従業員規模が規模間格差にとって極めて重要な要因であることが推測される。

6.　小括

　本章では、中小企業は経済的意義を持つものの、多くの問題を抱えていることを示し、中小企業の概念が登場してからの中小企業に対する認識の変遷について概略した。

　そのうえで、中小企業、小規模企業、小零細企業の定義を示すことによって、中小企業が大企業との関係の中で一体としての存在でありながら、規模階層に応じて多様な性質をもつことを示した。

第2章

製造業の規模間格差に関する理論の整理と考察

中小企業は、様々な問題を抱え、いつの時代においても大企業よりも付加価値生産性が低い。何故、そのような企業規模間格差が生じるのかについては、幾つかの見方がある。ここでは、生産要素論、搾取のヒエラルキー論、利潤率階層論という3つの理論を示す。

1. 生産要素論

二重構造論は、投入産出関係を捉えたものである。すなわち、小零細工業では資本量が少ないため、従業者1人当たりの資本装備額が少なく、物的生産性が低いことが主たる問題とされた[注16]。これは、資本という生産要素の投入がどれだけの生産量を生むかという生産関数を前提とした分析である。

生産力の視点が重視されたのは、戦後のわが国経済が成長する上で、「遅れた」中小企業層がボトルネックになるとの考えからである。規模構造の観点からは「近代的大企業、他方に前近代的な労使関係に立つ小企業および家族経営による零細企業と農業が両極に対立し、中間の比重が著しく少ないこと」が問題とされた（髙田、1989、p.60）。

近年における生産関数に基づく実証分析としては、商工総合研究所

[注16] ただし、生産物市場の不完全性から中小企業の生産物価格が低くなるという点も考慮された。

(2013)、深尾他（2014）がみられる。これらの研究からは、1990年代以降の大企業と中小企業の労働生産性の格差の拡大は、全要素生産性（Total Factor Productivity：TFP）格差の拡大によることが示されている。その要因としては、「大企業が生産の海外移転を進め、産業集積地の工場を閉鎖したことにより、大企業から中小企業への技術知識のスピルオーバーが減少した可能性が指摘できる」といった分析結果が示されている（深尾他、2014、p.26）。

このような生産関数による分析は、資本や技術知識といった生産要素の投入量の差が産出量にどのような影響を与えたかというアプローチであり、本書では生産要素論と呼ぶ。

2.　搾取のヒエラルキー論

生産要素論と並ぶ、戦後の中小企業論における代表的な見方は、独占資本によって非独占資本が収奪を受ける中で企業規模間格差が生じるとの認識であった。

業態・下請関係を分析の中心においた「搾取のヒエラルキー」としての構造的把握が代表的な見方である。その中で、中小企業内格差は、独占資本によって非独占が収奪を受ける中で現れる格差とみられた。すなわち、巨大資本が末端の零細企業層における低賃金労働から生み出される価値を吸い上げる商業資本的性格の機構（剰余価値の再分配という独占利潤獲得のための収奪機構）との見方である。

伊東岱吉は、独占と非独占との間の基本的矛盾の下で、「独立的に見える大資本も独占資本主義の体制的圧力のもとにあって、中小資本に対する収奪を強化せざるをえないし、中小企業内部に存する階層間の関係にも同様のことが深刻化してくる。国民経済構造のピラミッド体制において、上から下へといわゆる『しわよせ』がなされる」と捉えている（伊東、1957、p.42）。さらに、「金融資本は、巨大なピラミッド構成の頂点にあるが、このピラミッド構成の階層に注目せねばならない。つまり、独占資本の『身内』のものか、その従属者かということである。（略）

この判定は、少なくとも経済関係においては、独占利潤を収めているものか、独占利潤の吸い上げのために収奪されているものかという点で、区別することが出来よう」としている（伊東、1958、p.43）。

こうした見方で、中小企業内の格差についての議論を展開したのは巽信晴である。すなわち、中小企業の格差構造の本質は、独占資本による集中・支配と、剰余価値の再分配という独占利潤獲得のための収奪機構であり、独占と併存する競争によって激しい矛盾が生じる市場構造を通じて現実化してきたとされる。

巽信晴は、下請制からさらに企業系列支配への発展によって中小企業の階層分化が促進され、独占企業を頂点とした以下のような階層的な企業経営構造を形成するとした。

（Ａ）独占資本の「分工場」「子会社」

（Ｂ）独占資本の金融面からする支配関係にあるもの

（Ｃ）独占資本の専属的下請中小企業

（Ｄ）独占資本の浮動的下請中小企業

（Ｅ）再下請・再々下請や問屋制家内工業、近代的家内工業や近代的マニュファクチュア等の小工業・零細業者

という階層である（巽、1960、pp.90-91）。これは、独占資本による下請制を通じた低コスト追求のための支配・従属関係として中小企業内の階層構造を把握し、中小企業の上層部を「巨大資本の搾取代行人」[注17]と捉える見方である。すなわち、当時のわが国の階層構造は、巨大資本が末端の零細企業層における低賃金労働から生み出される価値を吸い上げる商業資本的性格の機構として把握され、そのために、中小企業の技術的発展が阻止され、社会的分業関係が深化しないことに生産力上の問

注17）牛尾（1951、p.277）。「下請け関係の階層性を成立させる『根拠』は、日本産業機構の特殊的構造、つまりは巨大財閥資本の深刻な商業＝高利貸的性格の残存とそのメダルの半面を形成する広汎な半隷奴的低廉労働力の半隷属的使役との体制的なからみあいのみにもとめられる（p.286）」とされ、「特殊技術にもとづく専門工場の成立が阻止され、いわゆる社会的分業の未成熟が結果する（p.286）」と述べている。

題が見出された。

　牛尾眞造は、独占資本による下請制を通じた低コスト追求のための支配・従属関係として中小企業内の階層構造を捉え、中小企業の上層部を「搾取の仲介者・監督者」とみる（牛尾、1951、p.286）。

　三井逸友は、「委託側親企業の購入寡占としてのバイイング・パワーの発揮、一方多くの同種企業との激しい競争、さらに親企業の内製圧力にもさらされる受託側外注企業の立場の不利」によって、外注関係のなかに『支配―従属性』が生じ」るとする（三井、1984、p.133）。そのうえで「優良下請企業の選別・育成と、それら優良下請への発注集中と再下請管理の責任負担委任が図られ、企業集団としての下請企業群のうちに、規模階層的秩序が編成される。この下請階層構造は、収奪しわ寄せ機構として、また収奪基盤としての低賃金構造として機能している（同p.134）」と述べる。

　以上は、大企業と中小企業の取引関係における価値実現性に焦点を当てた見方であり、本書では搾取のヒエラルキー論と呼ぶ。

3.　利潤率階層化論

　このような購入寡占を背景とした見方に対して、中村秀一郎は、「中小資本の生産関係上の地位を問題とするとき、それがいかなる収奪の形式（たとえば下請制）のもとにおかれているかが問題なのではなくて、それがいかなる資本階層に属するかが基本的な問題である」（中村、1961b、p.56）と捉える。資本量そのものを重視し、それにより利潤率の構造的階層化が生じるとみる。

　最低必要資本量に基づいて参入障壁が生じ、同一資本階層内の競争が基本となる。小資本が上位の資本階層に参入しても劣等資本として低い生産性になるため、そこから競争の階層化が生じる。競争の激しさによって、生産物価格の差も生じ、利潤率の階層化が進むとの見方である。搾取のヒエラルキー論と同様に価格を問題にするが、それは取引関係が対等でないことから生じるというよりも、参入が容易なほど競争が激し

くなり、生産物価格が安く取引される一方で、参入が難しいほど独占・
寡占価格によって利潤を上げることができるという、市場における競争
関係を捉えた視点である。資本という生産要素の多寡が階層ごとの競争
の度合いに差を生み、それによって格差が生じるという見方である。

　北原勇は、「独占が成立しやすく、有効かつ安定的な維持が容易であ
る最大規模部門においては、最高の利潤率が成立し、資本流入の容易な
ために多数の企業が競争している最小規模部門においては、過度競争の
もとで利潤率は最低になる」（北原、1960、p.90）とした上で、非独占
資本のなかにも、「資本の最低必要量」によって、競争の程度が異なり、
種々様々の階層が存在し、「利潤率の階層化」が生じるとしている。

　中村（1961b）は、資本は高い利潤を求めて移動するはずであるが、
利潤率が標準化しないのは「小資本は存立最低必要量にみたないため
に、大資本部門へはまったく流入できないか、または流入したとしても、
そこでは劣等資本としてしか機能しえないために、高利潤率を実現でき
ず、移動は事実上阻止される」（同 p.48）からであるとみる。

　延近（2001）も、同様の供給面の視点で、資本階層に応じた競争の激
しさが販売価格の高低に影響するというように、価格を中心にみる。非
独占部門では、「市場集中度と参入障壁がある程度の高さに達しその高
さに応じて競争を制限できる部門から、非常に多数の資本が存在し競争
制限がまったく不可能で激しい競争を行っている部門まで、競争の程度
を異にする部門が重層的に存在している。したがって非独占部門のなか
でも利潤率の格差・収奪の再転嫁の構造的格差が形成されることになる
（p.83）」とみている。渋井（2010）においても、「『最低必要資本量』が
小さくなればなるほど参入は容易となり、競争圧力は高まる。そして独
占部門からの収奪を緩和したり、その一部を他部門に転嫁したりするこ
とはできなくなる（p.268）」と述べている。

　このような見方は、主に最低必要資本量による参入障壁の高低に基づ
く競争の激しさに応じた販売価格の高低から利潤率格差を論じるもので
ある。このような見方を利潤率階層化論と呼ぶ。

　以上の理論を図示すれば、格差が生じるどの側面を重視するかで、3
つの理論が成立していることがわかる（図表2-1）。

4. 格差の多面的把握

　具体的な中小企業政策において大きな影響を与えた二重構造論につい
ては、その後、高度経済成長を通じて、小零細工業の数が増えるととも
に「近代化」「高度化」し、中規模・中堅規模へと成長する企業も出て
くる中で、下火になっていった。

　高田（1989）は、かつての二重構造と異なり、中規模層が質、量とも
に充実し、わが国再生産構造はピラミッド型の重層的階層構造を形成
し、生産力面での効率性を有する再生産構造となったものの、生産関係
側面で価値の不等価交換等、さまざまな問題が最末端へ寄せられる、と
いう問題性を持つとする。生産力面での効率性と生産関係面での問題性
を表裏一体のものとして、合わせ持つ構造となってきたとみる（pp.98-
99）。このような生産関係上の見方は、下請関係を問題にした捉え方、
搾取のヒエラルキー論のアプローチである。

　その一方で「最低必要資本量が少量であればあるほど、需要以上の多

図表2-1　中小企業の低付加価値生産性を説明する理論

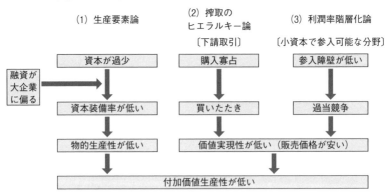

資料：筆者作成。

数の小資本が殺到し、部門内競争も部門外からの参入や参入可能性も最高に激しいこととなる（p.96）」として、利潤率階層化論による見方を提示している。

　さらに、高田（2003）では、資本装備率格差が縮小に向かう中で、資本生産性の逆格差も縮まるという状況について、資本装備率以外のソフトな経営資源格差が広がったことを指摘し、資本以外の生産要素面の要因も指摘している。中小企業における資本生産性の低下は、「中小企業の技術力向上が大企業に比べて遅れつつあり、資本設備の性能であらわされる技術力の差、あるいは資本設備を効率的に用いる技術力の差など、人材、生産設備の質等、資本の量にはあらわれない経営資源の格差が拡大している」ことによるとしている（高田、2003、p.131）。技術、情報をはじめソフト部門への資本・人材等の生産要素の投入が影響力を強める状況の下で、資本ストックの量にあらわれない経営資源の質的な違いによる格差の拡大を問題としたのである。これは、生産要素という視点のアプローチである。

　このように取引関係、競争関係、そして、生産力という点で数量面の観点をも合わせ持った多面的な把握がされている。

5.　格差拡大を説明する視点

　このように、企業規模間格差の存在については、多様なアプローチから説明されているが、幾つかの視点に基づいて整理できる。

　最初の視点は、企業内部での「投入産出関係」に注目するか「企業間関係」に注目するかである。企業内部での投入産出関係への着目は、企業の生産要素の投入と産出の関係から格差を説明する捉え方である。これに対して、企業間関係のあり様から格差を把握する捉え方がある。

　2つめの視点は、需給のどちらを重視するかである。主に「供給」側から捉えるか、「需要」側から捉えるかということで、生産力を重視するか、生産関係を重視するかという視点と関係する。

　最後の視点は、生産量・受注量といった「数量」を重視するか、生産

物が取引される「価格」を重視するかである。

　生産要素論は、企業内における資本と労働という生産要素の投入がどれだけの産出量を生み出すかという観点でみていることから、供給面・数量面からのアプローチである。これに対して、搾取のヒエラルキー論は、購入寡占に基づく買いたたきを問題とする、需要側・価格面を重視したアプローチである[注18]。また、利潤率階層化論は、資本量に基づいて競争する市場が異なり、小資本で参入可能な市場では競争者が多く、製品の販売価格が低下することによって付加価値生産性格差が生じるという観点で、供給面・価格面を重視したアプローチである[注19]。

　これら３つの視点は、排他的なものではない。企業内部での構造をみるとともに、企業間関係を分析することは可能であるし、生産数量が増えると、価格が低下するといった相互に関連した側面もある。また、実際に観測されるのは需給の均衡点としての数量と価格であり、その変化が供給要因によるか需要要因によるかを判別することは難しく、分析者の評価によるところが大きい。すなわち、それぞれの軸において、どちらの要因を重視するか、どちらの要因が先導すると捉えるかということである。

　以上、企業規模間格差についての３つの理論は、３つの視点に基づいて以下のようにまとめることができる（図表２-２）。

　規模間格差の根本には資本量があるが、その働きをどのように捉えるかによって異なる見解が生じる。それと関連して格差の何が問題かという立場も異なる。すなわち、規模の小さい企業の生産性の低さを生産力の観点から問題にするのか、それとも規模の大きな企業から収奪されることを公正の観点から問題視するのか、競争政策の意義と副作用の観点

[注18]　ただし、それによって、中小企業の技術的発展が阻止され、社会的分業関係が深化しないことが生産力上の問題と捉えられたことから、供給側・数量面についての影響も指摘されている。

[注19]　ただし、資本の多寡により生産力を高める優れた生産方法を導入できるかどうかで物的生産性の格差が生じるという数量面への言及もみられる。

図表２-２　企業規模間格差についての理論

		生産要素論	搾取の ヒエラルキー論	利潤率階層化論
論　者		有沢廣巳、深尾京司	伊東岱吉、巽信晴、 牛尾眞造、三井逸友	北原勇、中村秀一郎、 延近充
視点	企業の 内外	企業の内	企業の外（企業間関係）	
		生産関数	相対取引	市場での競争
	需給	供給面	需要面	供給面
	量・価	数量	価格	価格
格差要因		生産要素（資本装備率、全要素生産性）	購入寡占による収奪（下請取引：業態）	最低必要資本量に基づく参入障壁（資本量）

資料：筆者作成。

から、市場における競争度合いに注目するのかという違いである。

6.　小括

　本章では、企業規模間格差が発生・存在する要因についての代表的な見解を吟味し、３つの視点から整理し、規模間格差に関する理論を位置づけた。

　まず、生産要素論は、資本という生産要素の投入量の差によって生まれるという見方であり、戦後の二重構造論の議論以来根強く、今日においても有力な見方である。次に、搾取のヒエラルキー論は、購入者である大企業が下請企業の製品を買いたたき、下請企業の販売価格が低く抑えられた結果、付加価値生産性が低くなるという見方である。３つめの利潤率階層化論は、参入障壁の観点から、小資本での参入が容易な部門では過当競争が生じ、付加価値生産性や利潤率が低くなるという見方である。

　これらの理論は、排他的なものではなく、企業内部の生産構造・企業間関係、需要・供給、価格・数量のいずれを重視するかという違いで、相互に関連したものである。

第3章 高度経済成長期以降の規模間生産性格差の推移

　髙田（2003）は、中小企業の収益状況について、「資本金5,000万円〜1億円未満の中小企業上位層では相対的に堅調」に推移しているのに対して、「資本金200万円未満層、200〜500万円未満層では業績がよくない傾向」（p.168）にあるとした上で、「中小企業上位層における下請取引依存度の大幅な低下と、下位層においては小幅にとどまる状況の相違」と「中小企業上位層における事業所数の横ばい傾向と下位層における事業所数の大幅な減少傾向等を整合的に理解することができる」（p.170）と述べている。中小企業と大企業との格差は大きな問題であるが、中小企業内部での格差も無視できない問題となっている。

　近年、中小企業上位層が大企業との生産性格差を縮める一方で、中小企業中下位層がますます低迷し、中小企業内格差が拡大している。このような中小企業内格差の拡大をどのように理解するかは、中小企業を支援していくかを考える上で極めて重要である。

　本章では、中小企業問題のキー概念である付加価値生産性を中心に、高度経済成長期以降のわが国製造業における規模間格差の推移を従業者規模別、資本金規模別に検討する。特に、1990年代以降における中小企業内の規模間格差に焦点を当て、産業空洞化期における小零細企業を中心とした中小企業の存立基盤について考察を加える。

1. 高度経済成長期における付加価値生産性格差縮小

　財務省「法人企業統計」から資本金規模別の付加価値生産性をみると、1960年代から70年代前半の高度経済成長期には資本金10億円以上の巨大企業と中小企業との格差が縮小した（図表3‐1）。

　経済産業省「工業統計表（企業統計編）」から高度経済成長期の1963年と1970年における製造業の粗付加価値生産指数（従業者1,000人以上企業の従業者1人当たりの粗付加価値額を100とした指数）をみても[20]、高度経済成長の下で、従業者1,000人以上の巨大企業と中小企業の格差が縮小した（図表3‐2）。

　中小企業は、付加価値生産性が低かったにも関わらず、高度経済成長期に急増した。1963年には約33万者であったが、7年間で18%増の約39万者となった（図表3‐3）。特に、4〜19人の小規模企業数は、1963年に約25万者であったが、7年間で24%増となり、1970年には約31万者に増加した。

　規模が小さいほど生産性が低いにも関わらず、何故規模の小さな企業が増加したのであろうか。戦後復興期には過剰人口が問題視されていたが、労働力は高度経済成長期には、若年新卒者を中心として希少になりつつあった。しかし、それ以上に設備、資本が希少であったことが小零細企業増加の背景にある[21]。

　大企業は、国内で設備投資を推し進めたが、使用可能資本は限られて

---

[20]　経済産業省「工業統計表」企業編は1962年から発行されているが、黒瀬（2012）でも指摘されているように1963年に調査方法の変更があるため、1963年を起点とした。「工業統計表（企業編）」（ただし、1990年、2000年、2010年は「工業統計表（企業統計編）」として発行）は、従業者4人以上の製造事業所を企業単位に組み替え集計したものであるが、1980年と1990年は、従業者20人以上の製造事業所について集計している。なお、2000年、2010年は、従業者30人以上の製造事業所を対象とした調査票甲と同29人以下の製造事業所を対象とした調査票乙に基づいて集計しているが、1990年以前は、製造を行なっていない本社本店を対象とした調査票丙が存在したため、製造事業所と離れた場所に立地する本社本店の従業者数も、企業の従業者数に含まれている。

図表 3 - 1　資本金規模別付加価値生産性指数の推移

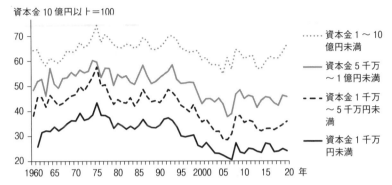

資料：財務省「法人企業統計調査」
(注)　製造業。付加価値生産性指数は、資本金 10 億円以上の企業における従業者 1 人当たりの粗付加価値額（付加価値額＋減価償却費計）を 100 とした各資本規模企業の値。従業者数は、期中平均役員数と期中平均従業員数の合計。1961 年度〜74 年度の資本金 1 千万未満については、資本金 2 百万円未満、資本金 2 百万円以上 5 百万円未満、資本金 5 百万円以上 1 千万円未満の合計。

図表 3 - 2　付加価値生産性格差指数の推移

企業規模	1963 年	1970 年	1980 年	1990 年	2000 年	2010 年	2014 年
4〜19 人	33.5	38.2	44.2	30.3	25.6	24.3	26.7
20〜29 人	42.2	49.6	45.7	36.0	31.8	30.4	32.9
30〜49 人	45.9	49.8	46.0	36.8	34.7	34.8	36.0
50〜299 人	53.7	56.6	51.8	43.7	44.0	45.5	46.5
300〜999 人	72.0	72.0	72.1	63.4	64.4	65.0	64.3
1,000 人以上	100.0	100.0	100.0	100.0	100.0	100.0	100.0

資料：経済産業省「工業統計表（企業統計編）」
(注)　製造業。従業者企業規模別。従業者 1,000 人以上の企業における従業者 1 人当たりの粗付加価値額を 100 とした指数。

注21)　瀧澤（1968）は、日本国民経済を「相対的蓄積資本不足─相対的労働力過剰」と規定し、「過剰労働力」と同様に、あるいはそれ以上に、「資本蓄積不足」に着目する必要があると指摘している。それによって、①資本装備率に規模別格差が生じ、②中小工業、とくに極めて労働集約的な零細工業を大量に存在せしめ、③大工業と中小工業とが、社会的分業関係にもとづいていわば並列的に存在するのではなく、両者の間に、下請系列関係にみられるような直接的支配・従属関係を生むことになる（pp.140-142）。

図表 3 - 3　企業数の推移

（単位；者）

企業規模	1963 年	1970 年	1980 年	1990 年	2000 年	2010 年	2014 年
合計	328,652	387,552	(417,743)	(422,656)	312,341	201,781	178,818
4〜19 人	251,514	311,300	(336,207)	(330,537)	236,995	141,977	121,422
20 人以上計	77,138	76,252	81,536	92,119	75,346	59,804	57,396
20〜29 人	29,604	24,223	34,712	41,235	30,320	22,526	20,813
30〜49 人	21,669	21,463	18,454	19,189	16,933	13,326	13,365
50〜299 人	22,880	26,825	25,192	28,269	24,939	20,838	20,133
300〜999 人	2,263	2,875	2,487	2,710	2,516	2,492	2,450
1,000 人以上	722	866	691	716	638	622	635

資料：経済産業省「工業統計表（企業編、企業統計編）」。
（注）　製造業。1980 年と 1990 年の 4〜19 人の企業数は、4 人以上の全事業所数から 20 人以上の事業所数を控除して算出した事業所ベースの参考値。合計は、それに 20 人以上の企業数を加えたもの。

おり、供給力拡大のスピードが高度経済成長期における需要の急拡大に追いつかなかった。このため、1 次下請企業の積極的な活用により生産量を拡大させることになった。こうした状況は、1 次下請企業においても同様であり、2 次下請企業を活用するといった下請企業活用の連鎖により重層的な下請生産ピラミッドが構築された。下請企業に対する発注の増大は、その末端に位置する小規模企業の存立基盤を拡大させ、新規開業を促した。渡辺（1997）は、零細企業へ発注することによって零細経営の業主の長時間労働と強い勤労意欲、及び配偶者を助手として自由に使用できることから、「発注側の中小企業は、熟練工を雇用した場合の数倍の労働を同じ数の熟練工（零細経営業主）からひきだす」（p.358）ことができたとしており、零細企業急増の背景が示されている。小規模企業は希少な資本をあまり使用することなく、高い勤労意欲に基づき、生産の拡大に貢献できたのである。

　かつて、中小企業の小ささと数の多さは「過小過多」と言われ、問題視されていた。中小企業は、技術水準が低く、生産性が低い企業として認識され、急速な需要の拡大に対応する大企業の発展にとっての制約と

捉えられていた。

　1963年に制定された中小企業基本法では、生産性等の面で遅れた中小企業を近代化させることが中小企業政策の一つの柱となり、設備近代化のために政策的な支援がなされた。また、親企業となる大企業も、自らの供給力、そして競争力の向上に資するように、下請企業が生産性を高めることを望んだ。このため、長期継続的な取引関係を構築し、技術指導を行なうなどの措置により育成を図った[注22]。

　こうしたことから、中小企業と大企業の資本装備率の格差は縮小し、親企業からの技術移転の成果と相まって付加価値生産性格差も縮小することになった。

　大企業が急成長する過程では、中小企業を含めた生産システムの発展が必要である。「短期的には中小企業の収奪によって大企業は資本蓄積を進めうるが、長期的には中小企業の停滞は大企業にとってプラスにならない」（清成、2009、p.72）からである。このため、大企業とともに成長できる中小企業も少なくなかった。前述したように中小企業数は、1963年から1970年において50〜299人の企業で3,945者、300人以上で756者増加している（前掲図表3-3）。そのほとんどは、より小さな規模の企業が成長によって上位の規模層へと移行したと考えられ、中小企業の成長を示すものである。

2.　安定成長からバブル経済へ

　1970年代には、2度の石油危機が生じる中で企業は減量経営を進め、従業者数は全体として減少に転じた。こうした中で、規模別にみても30人以上の各規模層の企業数は減少した。しかし、20〜29人規模が大きく増加したことにより20人以上の規模でみると1970年の76,252者

[注22]　大工業は、自分の工場にある中古の機械設備を貸与、払い下げしたり、下請中小工業が設備資金を借りるための援助・斡旋をしたり、あるいは、大工業の資金を下請中小工業に直接融資したりするなど、あらゆる手段で下請中小工業の生産能力の拡大のための努力をした（瀧澤、1968、p.210）。

から 1980 年には 81,536 者へと増加した。

1980 年代には、20〜29 人規模に限らず、30 人以上の各規模層において、いずれも企業数が増加した。80 年代においては、家電製品や自動車といった大量生産型製品への需要は国内において徐々に成熟化に向かったものの、当時の日本にとっては欧米市場が大きく開けていた。2 度の石油危機、プラザ合意後の円高という経済環境の大きな変化の中でも、生産システムを効率化することによって国際競争力を強化し、貿易摩擦を引き起こしつつも、右肩上がりの成長を続けることができた。

生産システムの効率化は、高度経済成長期においても進行していた長期継続的な取引関係の中での「企業専用資産」や「専用技能」を蓄積していくことによって可能となった。しかしながら、法人企業統計からみた中小企業の付加価値生産性格差は 70 年代後半から拡大した（前掲図表 3 - 1）。

工業統計をみると、50〜299 人規模の付加価値生産性指数は、1970 年の 56.6 から 1980 年には 51.8 へと低下し、格差が 4.8 ポイント、30〜49 人、20〜29 人規模でもそれぞれ 3.8 ポイント、3.9 ポイントと低下しており、巨大企業との格差が拡大した（前掲図表 3 - 2）。1980 年代には、4〜9 人規模を含め、中小企業の付加価値生産性指数は 10 ポイント程度低下し、大企業と中小企業の付加価値生産性格差の拡大が著しかった。1980 年代には、特に、4〜19 人規模の付加価値生産性指数の低下が大きく、中小企業内での格差も拡大し始めた。

瀧澤（1968）は、付加価値生産性を以下の式で示している（p.154）。

1 人当り付加価値額＝（（製品単価 − 製品単位当たり原材料費など）× 生産量）／従業者数

付加価値生産性は、価格要因と物的生産性によって決まる。すなわち、中小企業の粗付加価値生産性の低さは、単に物的な労働生産性の低さを表すものではなく、製品単価の低さという価値実現性の問題、さらに、

原材料の仕入単価の高さも含めた、いわゆる原料高製品安を含む問題として捉えることができる[注23]。

　物的生産性については、資本不足や労働力の質的問題といった経営資源問題と、原料高製品安は収奪問題及び市場問題との関連が深い問題である。中小企業における付加価値生産性の低さは複合的な問題であり、このように物的生産性と価格動向とに分けて考えることは、中小企業問題を考える上で極めて重要な視点である。

　しかし、それらの規模別格差がどのように変化したかを検証するのは困難である。利用可能なデータは、規模別の生産額（製造品出荷額等）であり、様々な財を製造し、その構成が規模によって大きく異なっている状況で、生産額を生産数量、製品価格に分けることができない。また、製品１単位あたりの原材料単価についても不明である。このため、本書では、以下のように資本生産性と資本装備率に分解した式を用いて分析する。

$$V / N = (K / N) \times (V / K)$$
（V：粗付加価値額　N：従業者数　K：有形固定資産額）

これは、付加価値生産性（V／N）を資本装備率（K／N）と資本生産性（V／K）の積として捉えるものである。資本生産性は、中小企業の方が大企業よりも高く、逆格差といわれた（図表３-４）。しかし、資本生産性格差は、1970年代、1980年代に縮小した。例えば、30〜49人規模の資本生産性は1970年において1,000人以上規模の1.67倍であったが、1990年にはほぼ同じになった。

　高田（2003）は、中小企業における資本生産性の低下は、ソフトな経営資源の寄与が高まり、技術、情報をはじめソフト部門への資本・人材

注23）原料安製品高は規模が小さくなるほど大きな影響を与えたと考えると、そうした規模の小さな企業の製品価格の上昇は抑制されており、見かけの粗付加価値生産性ほどには差がなかったと考えることもできる。

図表 3-4　資本生産性の推移

企業規模	1963 年	1970 年	1980 年	1990 年	2000 年	2010 年	2014 年
4～19 人	398.2	318.3	—	—	210.1	—	—
20～29 人	212.7	167.4	158.0	107.6	99.2	—	—
30～49 人	208.6	166.9	142.8	100.6	93.2	103.5	98.7
50～299 人	172.8	152.2	138.7	104.9	98.7	104.2	96.4
300～999 人	125.0	122.0	117.5	100.8	96.1	101.1	94.8
1,000 人以上	100.0	100.0	100.0	100.0	100.0	100.0	100.0

資料：経済産業省「工業統計表（企業編、企業統計編）」。
(注)　製造業。従業者企業規模別。有形固定資産額 1 単位当りの従業者 1,000 人以上を 100 とする指数。

図表 3-5　粗付加価値額の規模別構成比の推移

(単位：%)

企業規模	1963 年	1970 年	1980 年	1990 年	2000 年	2010 年	2014 年
4～19 人	11.6	13.0	15.2	13.3	9.7	6.8	6.6
20～29 人	5.1	3.9	5.9	6.0	4.8	3.8	3.8
30～49 人	6.4	5.4	5.0	4.5	4.6	4.1	4.3
50～299 人	21.3	20.9	20.6	21.3	23.3	23.5	23.3
中小企業小計	44.3	43.3	46.7	45.1	42.4	38.2	38.1
300～999 人	13.8	13.8	13.8	14.1	16.4	18.8	18.1
1,000 人以上	41.8	42.9	39.6	40.8	41.2	43.0	43.9
大企業小計	55.7	56.7	53.3	54.9	57.6	61.8	61.9
合計	100.0	100.0	100.0	100.0	100.0	100.0	100.0

資料：経済産業省「工業統計表（企業編、企業統計編）」。
(注)　製造業。従業者企業規模別。

等の生産要素の投入が影響力を強める状況の下で、「中小企業の技術力向上が大企業に比べて遅れつつあり、資本設備の性能であらわされる技術力の差、あるいは資本設備を効率的に用いる技術力の差など、人材、生産設備の質等、資本の量にはあらわれない経営資源の格差が拡大している」（p.131）ことによるとみている。中小企業の資本生産性低下（＝逆格差解消）の速度は、資本装備率格差の縮小傾向を上回ったため、付

加価値生産性格差は再び拡大した。

　付加価値生産性格差に加えて企業、そして従業者数の減少率が 49 人以下の層で大きかったことから、1980 年代から 90 年代にかけて 50 人を境にして 49 人以下の中小企業中下位層の粗付加価値額の構成比は低下し、50 人以上の中小企業上位層及び大企業の構成比が上昇している（図表 3 - 5）。

3.　失われた 20 年における中小企業の存立基盤

（1）生産性格差の拡大と中小企業中下位層企業数の減少

　バブル経済崩壊からの 20 年間は、「失われた 20 年」と呼ばれている。しかし、金・深尾・牧野（2010）によれば、上場企業を中心とする大企業においては、1990 年代後半以降の全要素生産性上昇は 1980 年代以上に堅調であった。日本経済の低迷が続いた要因は中小企業にあり、中小企業の全要素生産性は 1995 年以降も上昇しなかった（p.34）。中小企業の全要素生産性が伸びなかった要因としては、研究開発とグローバル化への対応の差が生じたことによると考えている。もう一つ指摘されるのは、主に製造業において大企業とサプライヤーである中小企業との間の取引関係が希薄になった点である。取引関係の希薄化によって、大企業から中小企業への技術のスピルオーバーが減速したとみている（p.39）。これらのことが、全要素生産性上昇の規模間格差を広げた可能性があるとしている。

　前掲図表 3 - 3 から付加価値生産性格差の推移をみると、49 人以下の各層は 1990 年代、2000 年代に 1,000 人以上規模層との格差が拡大している。特に 4〜19 人の小規模層の落ち込みが大きい。一方、50〜299 人及び 300〜999 人規模層では 1,000 人以上規模層との格差は若干であるが縮小している。1990 年以降には大企業と中小企業との間というより、50 人を境として階層分化が生じている。

　付加価値生産性の格差について、河井（2004）は「企業内の研究開発、人的資本の蓄積、IT 技術の導入、企業団体への参画、さらには海外進

出による企業のグローバル化は中小企業の生産性を向上させる要因」
（p.19）であるとしているが、中小企業上位層がこうした対応ができた
のに対して、中下位層では困難であったことが影響している可能性が考
えられる。

　付加価値生産性に影響を与える資本装備率について1990年と2010年
を比べると、1,000人以上規模層を100とする指数は、30〜49人層で低
下したのに対して、50〜299人層、300〜999人層では上昇しており、二
極化が進んでいる。中小企業上位層は、自ら海外進出するかどうかは別
にして、労働集約的工程については海外との分業を図り、国内では資本
装備率を高めたと考えられる。

　一方、企業数については、1990年代以降、中小企業の減少が著しい（前
掲図表3-3）。特に、2000〜2010年においては、大企業が1.3％減とほ
ぼ横ばいであったのに対して、中小企業では35.7％減と激減している。
中小企業の中でも、規模が小さいほど減少率が大きく、50〜299人が
16.4％減であるのに対して、4〜19人では40.1％減に達する。

　資本は、高度経済成長期のような希少な資源ではなくなった。近年、
規模の大きな企業においては貯蓄超過となるほどであり、資本節約のた
めに下請企業を利用するインセンティブは小さくなった。さらに、グ
ローバル化と情報通信革命の進展によって供給力が拡大し、供給過剰経
済に突入したということもあり、高度経済成長期に存在したような中小
企業の存立基盤は縮小している。

（2）規模間収益力格差

　財務省編『法人企業統計年報』を用いて、規模間格差の推移について
収益力の観点から資本金規模別にみていく。従業者1人当たりの営業純
益額は、資本金規模が大きいほど概ね多いが、資本金10億円以上の企
業でとりわけ多い（図表3-6）。特に、バブル経済期、2000年代半ば、
そして2010年代後半のいわゆるアベノミクスの下で景況が好転した際
には顕著であった。一方で、バブル崩壊後やリーマン・ショック時の落

図表3-6　従業者1人当たり営業純益額

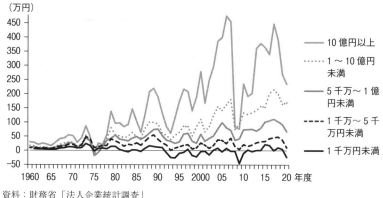

資料：財務省「法人企業統計調査」
（注）　製造業。資本金規模別。営業純益＝営業利益－支払利息・割引料

　ち込みが大きく、景気変動の振れに対して営業純益が大きく変動してい
る。
　従業者1人当たりの営業純益額は、規模が小さくなるほど少なく、変
動も小さいという傾向があるが、資本金1千万円未満の企業では好況期
の営業純益額が、それほど増えないのに対して、バブル崩壊後やリーマ
ン・ショック後には大きく落ち込んでいる。好況の恩恵を受けにくく、
不況の打撃は大きい。
　中小企業内格差について検討するために、従業者1人当たり営業純益
額について、資本金5千万～1億円未満の企業を100とする指数をみる
（図表3-7）。1960年代から1970年代には、資本金1～5千万円未満の
企業の営業純益額指数は、資本金5千万～1億円未満の企業と遜色ない
水準であった。資本金1千万円未満の企業は、資本金5千万～1億円未
満企業の半分程度の水準であったが安定して推移していた。
　しかし、1980年代に、資本金5千万～1億円未満の中小企業上位層と、
資本金1～5千万円未満及び、資本金1千万円未満の中小企業中下位層
との格差が拡大し、1990年代以降は格差が拡大したままで推移してい
る。さらに、資本金1千万円未満の企業については、バブル崩壊後やリー

図表3-7　従業者1人当たり営業純益額指数

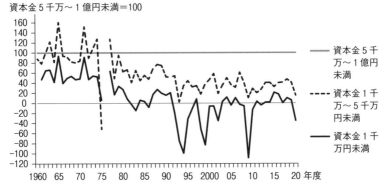

資料：財務省「法人企業統計調査」
(注)　製造業。資本金規模別。1976年度は基準となる資本金5千万～1億円未満の企業の営
　　　業純益額がマイナスであったため、指数を算出していない。

マン・ショック後での赤字幅が大きく、格差が急拡大した。

　業績格差を生む付加価値生産性格差の最も大きい要因と考えられてい
たのは、高度経済成長期には資本装備率の規模間格差であった。

　そこで、財務省編『法人企業統計年報』から資本装備率の推移をみる
と[注24]、資本金10億円以上の企業との資本装備率格差は1990年代に拡
大したが、中小企業内格差はあまり変化していない（図表3-8）。2000
年代以降にも中小企業内の格差には大きな変化はない。

　では、1990年代後半以降の中小企業内格差拡大の要因としては何が
考えられるであろうか。要因としては、不況期の収益悪化が末端の中小
企業下位層にしわ寄せされたことが影響しているとみられる。この点
は、第4章でみていく。

　もう一つの要因としては、グローバル化という経済環境の変化があ

注24)　資本装備率の分析は、経済産業省『工業統計表』でも可能であるが、有形固定
　　　資産額を把握できるのは従業者規模30人以上であり（ただし、1990年は従業
　　　者規模20人以上、2000年は同10人以上の統計が利用可能）、中小企業上位層
　　　と中下位層との比較には不十分である。

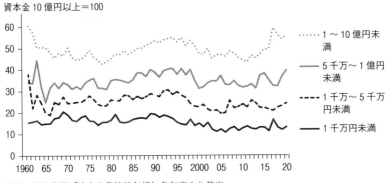

図表3-8　資本装備率格差の推移

資本金10億円以上＝100

資料：財務省編『法人企業統計年報』各年度より算出。
(注)　製造業。資本金規模別。資本金10億円以上の法人企業を100とする指数。
　　　資本装備率＝（その他の固定資産＋無形固定資産）／（役員数＋従業員数）

る。中小企業の中下位層は、現地に進出したり日系企業へ輸出したりする一部の企業以外は、東アジアにおける生産システムには入り込めていない。一方、国内では従来からの大企業を頂点とするピラミッドが痩せていることに加えて、輸入品が流入している。こうしたことから、中小企業の中下位層の存立基盤が揺らいでいる。

　大企業は、国内中小企業との協業により価値を生み出すことから、海外の低賃金労働を活用した生産システムを築き上げ、そこから価値を生み出すことに軸足を移すようになった。大企業のリストラクチャリングは、中小企業上位層に影響を及ぼし、中小企業上位層も海外生産を手がけたり、国内受注の減少に対して内製化を進めたりした結果、中小企業下位層にとっての市場規模はさらに縮小した。こうしたリストラクチャリングの下位層へのしわ寄せはその末端に位置する零細企業に及び、零細企業で廃業が進んでいる。この点については第5章で詳しくみていく。

4.　小括

　付加価値生産性の規模別格差は、高度経済成長期に縮小したが、その後、拡大に転じた。1980年代には中小企業内での規模間格差が拡大した。

1990年代以降は、中小企業上位層が巨大企業との格差を縮小させる中で、小零細企業との格差が拡大し、中小企業内格差が拡大した。その結果として、1990年代後半以降、中小企業上位層と中下位層との間で業績格差も広がっている。

第4章 景気循環と規模間格差

　規模間付加価値生産性格差は、長期的なトレンドのみならず、景気循環の中でも生じる。本章では、景気循環が規模間格差に及ぼす影響について考察する。

1. 規模別の景気動向

　まず、中小企業の売上動向と景気との関連を日本政策金融公庫の景況調査結果からみることにする。ここでの中小企業は、「中小企業」と「小企業」であるが、ともに公庫の取引先である。「中小企業」は旧中小企業金融公庫の取引先で中小企業の中でも比較的規模が大きい企業とみられる。その3分の2は製造業である。一方、「小企業」は旧国民金融公庫の取引先で、従業者20人未満企業が対象の調査結果であり、そのうちの製造業についての売上高DI（売上増加企業割合−売上減少企業割合）である。

　DIは、ともに景気回復期に上昇し、景気後退期に低下する（図表4-1）。その水準について、「小企業」の売上高DIは、概ね「中小企業」を下回って推移しており、売上減少企業の割合が高いことが示される。また、「小企業」のDIは、振幅が大きく、景気後退期に大きく落ち込む。一方で、景気回復当初には、DIの改善が緩やかである。小企業は、景気後退の打撃が大きく、景気回復の恩恵を受けるのが、遅れ気味である

ことが示されている。

　いわゆるアベノミクス下における長期間の景気回復の下では、2013年から14年初めにかけては、売上DIが改善したものの、その後は停滞した。アベノミクスによるトリクルダウン効果が中小企業の下位層にはもたらされなかったとみられる。

図表 4 - 1　売上高 DI の推移

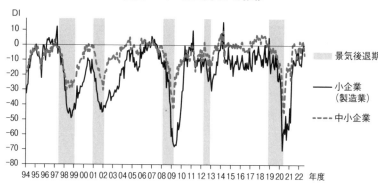

資料：日本政策金融公庫「全国小企業月次動向調査結果」「中小企業景況調査結果」
(注)　売上高 DI ＝「増加」企業割合－「減少」企業割合
　　　小企業は、公庫取引先の製造業（従業者20人未満の企業）の売上高 DI（前年同月比）。
　　　中小企業は、三大都市圏の公庫取引先（対象900社のうち製造業は602社）の売上高 DI（前月比、季節調整値）。

2.　付加価値生産性指数格差と景気

　次に、付加価値生産性と景気との関係を資本金規模別にみる。付加価値生産性は、景気回復の際には、受注が増加することにより上昇し、景気後退の際には、受注が減少することにより低下するといった関係が想定される。

　1985〜2020年度における資本金10億円以上の層の付加価値生産性は、景気動向指数（CI：一致指数）の増減に応じて増減していることがみてとれる（図表4-2）。資本金1億〜10億円未満についても同様の関係がみられるが、連動性は弱まり、資本金1億円未満の企業については関

図表 4 - 2　景気動向指数と付加価値生産性

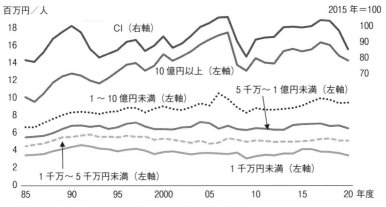

資料：財務省「法人企業統計調査」、内閣府「景気動向指数」
（注）　製造業。資本金規模別。付加価値生産性は、従業者１人当たりの粗付加価値額。CI は、
　　　景気動向指数（一致指数）で、2015 年＝100 とした各月指数の年度平均値。

係を見極めにくい。

　付加価値生産性と景気動向指数との相関係数は資本金 10 億円以上の
企業との間で 0.81、資本金１億〜10 億円の企業は 0.74 となっており、
大企業では景気と付加価値生産性には一定の相関関係が認められる（図
表 4 - 3）。これに対して、中小企業では相関係数が低く、資本金５千万
円未満の中小企業中下位層ではほとんど相関関係が認められない。

　次に、資本金 10 億円以上の企業の付加価値生産性を 100 とする指数
と景気動向指数との相関係数を算出する。各規模との相関係数は、負の
相関を示す。すなわち、景気回復期（CI が上昇する時）は資本金 10 億
円未満の層における付加価値生産性指数が低下（＝格差が拡大）し、景
気後退期（CI が低下する時）には付加価値生産性指数が上昇（＝格差
が縮小する）という逆相関の関係にある。これは、資本金 10 億円以上
の企業が景気動向に敏感に反映することの裏返しである。ただし、負の
相関は、資本金１千万円未満ではやや低い。

図表 4 - 3　景気動向指数と付加価値生産性との相関係数

	全規模	資 本 金 10 億円以上	資本金 1 億円〜10 億円未満	資本金 5 千万〜1 億円未満	資本金 1 千万〜5 千万円未満	資本金 1 千万円未満
CIと付加価値生産性	0.74	0.81	0.74	0.57	0.03	0.13
CIと付加価値生産性指数	—	—	-0.69	-0.71	-0.72	-0.57

資料：財務省「法人企業統計調査」、内閣府「景気動向指数」
(注)　製造業。付加価値生産性指数は、資本金 10 億円以上の企業の付加価値生産性を 100 とする指数。景気動向指数は、1985 年 4 月から 2021 年 3 月までの各月における CI（一致指数、2015 年＝100）の年度平均値。

3. 中小企業内格差の拡大要因について

(1) 景気回復期と後退期における変化度合いの非対称性

　資本金 10 億円以上の企業は、資本集約的であり設備の稼働率の変動を通じて、景気変動の影響を強く受け、好景気の時には設備稼働率を上昇させ、他の層を引き離して高い付加価値生産性になるのに対して、不景気の際には付加価値生産性が急激に低下する。

　これに対して、資本金 5 千万未満の企業では、景気との連動性が弱まる。ただし、資本金 1 千万円未満の企業は、資本金 1 千万円〜5 千万円未満の企業よりは、景気動向との相関係数が若干高い。これは好景気の際に、資本金 1 千万円未満の中小企業下位層が生産性を上げるというよりも、不景気の際の生産性低下が激しいという方が適切であろう。すなわち、不景気の際には、受注が減少した中小企業上位層や中位層が自らの設備の稼働率、付加価値生産性を維持するために内製化率を引き上げ、主に規模の小さい企業への外注を減らす。このため、中小企業下位層の受注が減少し、付加価値生産性の急激な低下となる。こうして規模間格差が拡大するが、好景気の際にはそれが緩和し、格差が縮小すると考えられるからである。中小企業下位層が、景気変動に対するバッファーとしての役割を果たすことを余儀なくされていることがわかる。

　高度経済成長の終焉により、景気の後退期における下押し圧力が強くなる一方、好景気の恩恵が弱くなる中で、そうした動きが繰り返されたことにより、長期的にも中小企業内格差が拡大していったと考えられる。それは、長期の景気後退とも言える「失われた 20 年」と呼ばれるバブル経済崩壊以降に、特に顕著に表れた。

(2) 各景気後退期における規模間格差変化の特徴

　ここで、景気後退期の規模別格差について、前章で検討した従業者 1 人当たり付加価値生産性の増減を検討する。対象期間は、バブル経済崩壊後の 1991〜1994 年度、リーマン・ショック時の 2007〜2009 年度、新型コロナウイルス感染症の影響がみられた 2018〜2020 年度である。これら 3 期間は、図表 4 - 4 に示されるように、中小企業上位層と下位層との付加価値生産性格差が拡大した時期である。

　まず、1991〜1994 年度はバブル経済崩壊後の状況である。付加価値生産性は、いずれの規模でも低下し、営業純益も減少した。特に、資本金 1 千万円未満の企業では、付加価値生産性の低下が大きく、営業純益も最も多く減少した。一方で、人件費（平均賃金）は資本金 1 千万円未満の企業を除き、増加した。バブル経済崩壊後は、しばらく賃金の上昇が続いており、人件費が高まったと考えられる。これに対して、支払利息等は利子率の低下に応じて減少したが、規模が大きいほど削減効果が大きかった。

　2007〜2009 年度は、リーマン・ショックによる影響が大きかった期間である。この期間は、資本金 10 億円以上の企業の付加価値生産性低下が突出しており、営業純益の減少も多かった。世界的な需要蒸発の下で、グローバルな事業展開をする巨大企業が大きな打撃を受けたことが示される。付加価値生産性の減少額は、規模が小さくなるほど少なくなるが、資本金 1 千万円未満の企業では、資本金 5 千万〜1 億円の企業や資本金 1 千万〜5 千万円未満の企業よりも減少幅が大きかった。人件費については、資本金 5 千万円以上の企業で 50 万円程度の減少となった

図表 4 - 4　付加価値生産性及び各項目の増減額

(単位：万円)

	資本金規模	付加価値生産性	営業純益	人件費	支払利息等	動産・不動産賃借料	租税公課	減価償却費
1991〜1994年度	全規模	-16	-20	22	-21	5	-2	1
	10億円以上	-28	-18	12	-33	9	2	-1
	1億〜10億円未満	-2	-9	24	-26	6	-1	5
	5千万〜1億円未満	-39	-28	15	-25	5	-4	-3
	1千万〜5千万円未満	-13	-18	34	-20	3	-13	1
	1千万円未満	-48	-37	-2	-11	-1	7	-5
2007〜2009年度	全規模	-157	-137	-25	-1	0	-2	7
	10億円以上	-441	-378	-59	0	-10	-11	17
	1億〜10億円未満	-158	-87	-51	-2	-7	-2	-10
	5千万〜1億円未満	-48	-30	-45	2	27	0	-1
	1千万〜5千万円未満	-39	-39	-5	-3	2	4	2
	1千万円未満	-51	-43	-3	0	-2	-3	-1
2018〜2020年度	全規模	-46	-64	6	-3	1	2	12
	10億円以上	-179	-156	-18	-8	-4	1	6
	1億〜10億円未満	-33	-31	-13	1	0	1	10
	5千万〜1億円未満	-25	-36	-12	-3	7	2	16
	1千万〜5千万円未満	-24	-38	6	-1	4	1	3
	1千万円未満	-41	-34	0	-3	-4	1	-1

資料：財務省編『法人企業統計年報』各年度より算出。
(注)　製造業。資本金規模別。いずれの項目も従業者1人当たりの金額について2時点間の増減額。

のに対して、資本金5千万円未満の企業では3〜5万円の減少に留まった。元々賃金が低い規模では、引き下げ余地が小さかったと思われる。その結果、付加価値生産性の減少幅が資本金5千万〜1億円未満の企業よりも小さかった資本金1千万〜5千万円未満の企業の方が営業純益の減少幅が多いという逆転が生じている。

　2018〜2020年度については、新型コロナウイルス感染症の拡大により景気後退の落ち込みが大きくなった影響がみられる期間である。この期間についても、資本金10億円以上の企業で付加価値生産性と営業純益の減少額が著しく大きかった。付加価値生産性の減少幅は、規模が小

さくなるほど小さくなっているが、資本金 1 千万円未満の企業は、資本金 10 億円以上の企業を除き、最も大きい減少幅となっている。

　以上、景気後退が顕著であった期間における規模別付加価値生産性及び、各項目の増減額をみてきた。2007～2009 年度及び、2018～2020 年度の景気後退は、リーマン・ショックによる世界同時不況、新型コロナウイルス感染症による世界経済の急激な落ち込みの影響が濃厚である。このため、グローバル経済と直結する資本金 10 億円以上の企業の付加価値生産性が大きく低下した。規模が小さくなるほど、影響は間接的になると考えられるにも関わらず、資本金 1 千万円未満の企業では、資本金 1 千万円以上の中小企業よりも付加価値生産性の減少幅が大きかった。これは、不況期において、規模の大きい企業から小さい企業へと需要縮小がしわ寄せされる中で、サプライチェーンの末端に位置し、他の規模層にしわ寄せできない資本金 1 千万円未満の企業で、影響が大きかったことを示唆するものである。

4.　小括

　本章では、景気循環と規模間格差の相関関係について考察した。資本集約的な巨大企業は、設備の稼働率の振幅による影響が大きく、付加価値生産性・営業利益と景気動向との連動性が高い。そのため、巨大企業と中小企業との格差は、景気回復期に拡大し、景気後退期に縮小する。こうした中で、中小企業上位層と下位層との格差については、景気後退期に拡大する。これは、景気後退期における中小企業下位層の打撃が、中小企業上位層の内製化等によって、大きくなることによる。

　景気循環は、需要の拡大・縮小に伴う。1990 年代以降、バブル経済崩壊、リーマン・ショックという急激かつ大幅な需要減少で、小零細企業が切り捨てられるという深刻な事態が生じた。需要縮小により、中小企業内格差が拡大したのである。

規模間格差を生む
受注環境の変化

第3章、第4章で付加価値生産性格差の推移をみてきたが、本章では第2章で提示した理論について、近年の規模間格差拡大を説明するうえでの有効性を考える。

1. 3つの理論での規模間格差の説明の有効性

(1) 資本装備率の生産性への影響の低下

二重構造が問題視された時には、規模間格差を説明する理論の中で、生産要素論が有力であった。中小企業の低い付加価値生産性は、主に物的生産性の低さに起因すると考えられた。主に資本の制約から資本装備率が低い水準になることが問題視されたため、設備近代化融資などの政策的支援がなされた。今日においても、規模が小さい企業は資本装備率が低く、付加価値生産性も低いという相関関係はみられる。

ここで考察したいのは、特定時点における規模間格差の問題ではなく、規模が拡大すれば、資本装備率も上昇し、それに応じて付加価値生産性も増加するかという、変化についての関係である。

まず、1960年代以降の製造業全体の平均規模と付加価値生産性の関係を法人企業統計からみると、1983年頃までは、平均規模が縮小する中で付加価値生産性が上昇してきた（図表5-1左）。しかし、1980年代後半以降は、平均規模は横這いのまま付加価値生産性が向上し、1990

年代以降はランダムな動きとなった。

　一方、資本装備率と付加価値生産性は、1990年頃までともに増加傾向が続き、資本装備率上昇が付加価値生産性の増加につながったようにみえる（図表5‒1右）。しかし、1990年代前半になると、資本装備率上昇にも関わらず、付加価値生産性は横這いで推移するようになった。1990年代後半以降になると、両者はランダムに動き、製造業全体を時系列でみる限り、もはや資本装備率と生産性の間に相関関係が見いだせない。

　中小企業庁編（2013）では、「製造業では、小規模事業者の資本装備率を中規模企業、大企業と比較すると、小規模事業者の数値が低いものの、変化率で見た場合、あまり差はない（p.42）」と述べている。大阪産業経済リサーチセンター（2014）でも、「法人企業統計」の分析結果から、「1995年頃までの付加価値生産性格差の拡大は資本装備率で説明可能であるが、それ以降の拡大については、資本装備率で説明しづらい（p.17）」とする。近年、資本装備率の規模間格差が拡大している訳ではなく、付加価値生産性格差拡大の原因とはいえない。

図表5‒1　平均規模・資本装備率と付加価値生産性

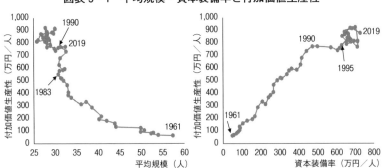

資料：財務省編『法人企業統計年報』各年度より作成。
（注）　製造業、1961〜2019年度。平均規模＝従業者数／母集団企業数

（2）下請割合の低下

　次に、企業間関係に注目した搾取のヒエラルキー論については、今日、固定的な下請関係は崩れつつあることから、格差の変化について説明しづらくなっている。

　わが国工業の量的な拡大が終焉したことは、1990年代初めのバブル経済崩壊によって明らかになった。同時に加速度的に進展したグローバル経済化は、大企業にとって国内に重層的な下請ピラミッドを維持する必要性を減少させた。中小企業庁「商工業実態基本調査」によると、下請企業が全中小製造業に占める割合は1981年の65.5％をピークに低下傾向にあり、1998年には47.9％となった（中小企業庁編、2003）。こうした経済環境変化は、特定の「親企業」に繋がる専属的下請という存立領域が狭められることを意味する。中小企業庁「中小企業実態基本調査」によると、製造業の下請中小企業比率[注25]は2011年度には20.4％となっている。特に、専属的下請企業となると、極めて低い割合である。例えば、大阪府内の299人以下の製造業の中で、専属的下請企業と自称する割合は10.8％にすぎない（大阪産業経済リサーチセンター、2014）。特定企業から1次下請企業、2次下請企業と位置づけられるような下請企業が少数派となった。長期継続的な取引関係の中での「直接的な支配形態」の下にある中小企業への収奪が激しくなったことにより、中小企業内格差が拡大しているという説明は困難である。

　一方で、独占資本の狭間に存立する中小企業経営の厳しさについては、「原料高製品安」による問題が指摘された。これは、取引先との力関係を示す、いわゆる収奪問題とみられてきた。今日においても、中堅・中小企業の収益力回復が遅れている（大企業との差が拡大している）一因として、価格交渉力の差が挙げられている。太田・辻（2008）では、価格交渉力が高いほど、売上高利益率が高いという調査結果を示し、製造・情報・価格に関する標準化の取り組みが価格交渉力を高めるのに有

注25）下請中小企業比率＝当該業の下請中小企業数／当該業の中小企業数

効としている。ただし、下請取引が減少している近年の状況では、相対
での力関係というよりも、市場の圧力を通じた取引価格の不利が生じて
いるとみられる。

(3) 過当競争と企業数の減少

　最低必要資本量に基づく階層化についても、企業部門で貯蓄超過とな
り、金融機関は中小企業でも優良な貸出先を模索している状況において
は、それによって階層化が激しくなっているとは言い難い。有望分野で
あれば、資金の調達は必ずしも困難ではなく、階層の垣根が低くなって
いるとみられる。さらに、薄型テレビのような最低必要資本量が大きな
分野については、グローバル化の進展により海外企業の参入により、大
企業の間でも激しい競争が繰り広げられ、利潤確保さえ困難な場合もみ
られた。

　参入の容易さにより、規模の小さい企業では、競争が激化して製品価
格が低下し利潤率が低下するという捉え方についても、規模の小さい企
業ほど廃業が多いことから、格差の存在要因であっても、拡大要因とし
ての説明は難しい。

　こうしたことから、資本量に基づく企業における生産能力・生産性や、
取引先との関係性から生じる収奪、同業者との競争などが格差を拡大さ
せるという説明も難しくなっている。

2.　供給か需要か

　規模間格差を説明してきた3つの理論で、安定成長期以降の格差拡大
要因を説明することが難しくなったとすれば、どのような視点で考えて
いけばよいであろうか。

　まず、供給面ではなく、需要面に着目することである。資本装備率と
いう供給面から捉えるよりも、受注を獲得できない結果として設備や労
働の稼働率が低下し、結果として物的生産性が上がらなかったというよ
うに、需要を起点として捉える方がよい。受注環境の悪化により、特に、

中小企業下位層が受注を獲得できず、中小企業内格差が拡大したとの考え方である。

　全要素生産性の格差拡大が中小企業内格差拡大の要因であったとしても、中小企業下位層が研究開発を怠ったというよりも、受注環境の悪化の中で、設備や労働の稼働率が低下したり、受注価格が低下したりする結果が全要素生産性の低下として現れたと考える。

　メカトロニクス革命による生産現場の自動化、情報通信革命の成果を取り込んだ生産力の拡大と国内経済の成熟化・輸出立国としての成長の限界は、供給過剰経済をもたらした。こうした状況の下では、個々の事業者の物的生産性向上は、需要を上回る供給量拡大により、受注価格の低下をもたらす。このような状況を踏まえれば、格差拡大の要因分析としては、供給面よりも需要面にまず焦点を当てるべきではないだろうか[注26]。生産現場で物的生産性が低下したのではなく、作っても売れないという販売面の問題で設備や労働の稼働率が低下し、結果として生産性が低下したとみた方が妥当である。

　近年、中小企業中下位層の付加価値生産性が相対的に低下しているのは、そうした規模層での需要面の影響が大きいとみられる。

　大阪産業経済リサーチセンターが 2013 年に大阪府内の中小製造業に対して行ったアンケート調査から、経営上の課題（複数回答）をみると、需要面、供給面の項目は多岐にわたるが、全体として回答割合が高い上位 5 項目は、「受注単価が低い」「受注量が少ない」「受注が不安定」「営業力が不足」「特定の受注先への依存度が高い」で、全て需要面である（図表 5 - 2）。中小企業に共通する課題として意識されるのは、供給面というよりも需要面である。

　供給面の課題と考えられる「生産性が低い」は 14.1％、「設備が不足」

図表5−2　経営上の課題

（単位：％、社）

		1〜9人 (A)	10〜49人	50人以上 (B)	合計	(A−B)
需要面	受注が不安定	53.5	39.1	22.6	39.2	30.9
	受注量が少ない	51.0	37.8	29.2	39.3	21.8
	受注単価が低い	41.9	42.0	42.3	42.1	−0.3
	（受注単価以外の）取引条件が悪い	3.5	2.7	5.4	3.5	−1.8
	営業力が不足	29.3	35.8	36.3	34.2	−7.0
	特定の受注先への依存度が高い	20.7	29.6	29.2	27.2	−8.5
供給面	資金難	29.8	17.7	4.8	18.0	25.0
	後継者難	17.2	11.2	9.5	12.4	7.6
	自社製品を持っていない	16.2	17.9	8.9	15.5	7.2
	企業ネットワークが弱い	6.6	4.2	3.0	4.6	3.6
	外注の品質・納期等が問題	6.1	11.2	6.0	8.7	0.1
	設備が不足	11.1	15.2	11.3	13.3	−0.2
	技能伝承が困難	12.1	14.7	14.9	14.1	−2.8
	仕入れ・外注価格が高い	12.1	15.9	15.5	14.8	−3.4
	生産性が低い	8.6	14.2	20.2	14.1	−11.7
	技術開発力が不足	9.6	23.9	35.1	22.7	−25.5
その他		2.0	3.2	3.6	3.0	−1.6
特にない		8.1	4.2	10.1	6.5	−2.0
合計		100.0	100.0	100.0	100.0	
回答企業数		198	402	168	768	

資料：大阪産業経済リサーチセンター（2014）
（注）　大阪府内中小製造業に対する2013年における調査結果。複数回答。

は13.3％であり、需要面の課題である「受注量が少ない」との回答39.3％の3分の1程度の割合である。また、「生産性が低い」については規模が大きくなるほど課題として認識されており、「設備が不足」については規模による差があまりみられない。一方で、「受注量が少ない」は従業者50人以上では、29.2％であるのに対して、10〜49人では37.8％、9人以下では51.0％と従業者規模が小さくなるのに従って回答割合が高まっている。こうしたことから、需要面での問題、すなわち、受注獲得度合いに応じて格差が拡大したと考えられるのである。

3. 価格か数量か

　中小企業庁編（2014）では、一人当たり名目付加価値額上昇率とその
変動要因を、仕入価格の上昇分をどの程度販売価格に転嫁できているか
を表す「価格転嫁力（価格転嫁力指標上昇率）」と「労働生産性（実質
労働生産性上昇率）」に分け、大企業と中小企業について 1975 年から
2012 年にかけての動向を分析している。それによると、「90 年代後半以
降、中小製造業の一人当たり名目付加価値額上昇率は、リーマン・ショッ
クのあった 2000 年代後半を除き、価格転嫁力指標要因による下押し圧
力によって、大企業製造業を下回るようになっている（p.45）」として
いる[27]。

　1990 年代後半以降における大企業と中小企業との格差拡大要因につ
いては、数量要因よりも価格要因が影響しているとされるが[28]、中小
企業庁編（2014）の分析対象は、資本金 2,000 万〜1 億円未満の製造業
であり、比較的規模の大きい中小企業と資本金 10 億円以上の大企業と
で価格要因が重要との結果である。

　では、中小企業内における規模間格差についても価格要因の影響が大
きかったのであろうか。

　受注量の増減と受注単価の変化のいずれが規模別格差の拡大に影響が
大きかったかについて前掲図表 5 - 2 の「受注量が少ない」との回答割
合は小規模ほど高く、企業規模別に差がみられたのに対して、「受注単
価が低い」については差がみられないことから、価格の差は大企業と中

---

[27]　80 年代から 90 年代前半までは実質労働生産性の上昇率が中小企業の方が大企
　　業よりも高く、規模間格差を縮小させる要因となっていたが、90 年代後半以降、
　　そうした「規模別格差の上押し」がほとんど消滅しているとして数量面の要因
　　にも言及している（中小企業庁、2014、p.45）。
[28]　みずほ総研（2008）は、大企業と中堅・中小企業の売上高営業利益率格差が
　　1990 年代以降拡大した要因について、中堅・中小企業の価格交渉力の弱さがあ
　　るとみている。アンケート調査結果の分析から、価格交渉力が高いほど、売上
　　高利益率が高いという結果を見出している。

小企業との格差の要因であったとしても、中小企業内格差の拡大要因としては、数量要因の方が大きかったと推測される。

　物的生産性は、国民経済計算により実質値が算出できる。しかし、中小企業内で規模別に物的生産性を算出することはできない[注29]。また、受注価格や原材料価格の変化についても、中小企業内における規模別の状況は把握できない[注30]。そこで、大阪産業経済リサーチセンターが府内中小製造業に対して実施したアンケート調査結果を活用し、10年前と比べた従業者1人当たり売上額増加率を数量と価格の変化に分けて、企業規模別に分析する。

　まず、主な受注品の価格上昇率をみると、各層ともに10年前より低下している。50人以上層で5.2％減、10〜49人層で6.2％減、1〜9人層で7.9％減となっており、規模が小さくなるほど、減少幅が大きい（図表5-3）。次に、数量ベースの売上から物的生産性をみると、10年間の物的生産性上昇率は、50人以上層が9.6％と高く、10〜49人層も9.0％と遜色ない。一方、1〜9人層ではわずか0.2％とほぼ横ばいである。

　近年、中小企業下位層の企業数減少が甚だしい。受注量が不変であれば、残存者である小零細企業の売上数量が伸びると考えられる。しかし、そうではなく、売上が数量ベースで横ばいであるということは、中小企業下位層としての受注量が減少する中で、少ない受注を獲得するために価格競争が激化し、受注単価が低下したということである。それにより不採算の小零細企業の退出が相次ぎ、生き残った企業はなんとか受注量を維持しているとみるべきであろう。

　価格・数量の増減の結果、従業者1人当たりの売上額は、50人以上

[注29]　中小企業、大企業という分類では規模別国内企業物価指数が中小企業庁から公表されている。これは、品目別の企業卸売物価から中小企業性業種と大企業性業種に分類して算出した推計値であり、規模別の物価そのものを調べたものではない。

[注30]　下請企業受注単価については、1990年から2005年間に半減したとされる（黒瀬、2012、p.384）。

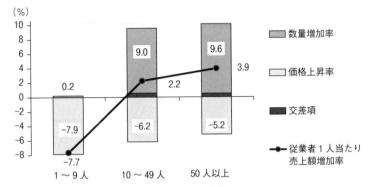

図表 5 - 3　従業者 1 人当たり売上額増加率の要因分解

資料：大阪産業経済リサーチセンター（2014）より作成。
（注）　大阪府内中小製造業における企業規模別集計結果。2013 年における 10 年前との比較。

層が 3.9％上昇しているのに対して、10〜49 人層は 2.2％上昇で、9 人以下層は 7.7％低下である。価格低下率は規模が小さいほど大きいが、それよりも顕著なのは、従業者 1〜9 人の小零細層とそれ以上の層との数量増加率の差である。従業者 10 人以上の企業では受注価格の低下を受注量の増加で補えたのに対して、小零細企業は、受注量がほとんど伸びず、受注価格の下落が売上額減少に直結した。

　さらに、主な仕入単価指数をみると、規模が小さいほど、上昇率が大きい（図表 5 - 4）。規模が小さい企業は、仕入単価の上昇率が大きいうえに、受注品単価の低下率も大きい。受注品単価指数を仕入単価指数で除した交易条件指数は、規模が小さいほど低い値となっている。「原料高製品安」の度合いは規模が小さいほど強く表れ、零細企業では取引価格面での不利が特に強かったといえる。このように、中小企業内の規模別付加価値生産性格差の拡大は、受注価格の上昇率の差、及び、物的生産性上昇率の差がともに影響している。

　1〜9 人層においては、物的生産性がほとんど上昇しなかったことが規模間格差拡大の大きな要因となっている。この物的生産性の伸び悩みは、供給能力の上昇率の差というよりも、需要面の問題である。「受注

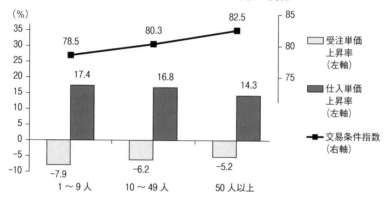

図表5-4　受注単価と仕入単価の変化

資料：大阪産業経済リサーチセンター（2014）より作成。
（注）　大阪府内製造業における企業規模別集計結果。受注（仕入）単価上昇率は、2013年における10年前との比較。交易指数＝主な受注単価指数／主な仕入単価指数（いずれも10年前を100とする指数）。算出方法について、詳しくは、町田（2014）（初出一覧3）の図表4の脚注を参照。

量が少ない」という問題が、1〜9人層において特に深刻であることは、経営上の課題の第1位に挙げられた割合の高さからも示される[注31]（前掲図表5-2）。「受注が不安定」という問題も規模が小さいほど高い割合で指摘されている。

　さらに、受注量を左右する受注先数の増減をみると、1〜9人層では「やや減少」と「減少」を合わせると63.4％と「増加」と「やや増加」の割合16.6％を大きく上回るのに対して、50人以上層では「やや減少」と「減少」が25.5％に過ぎず、反対に「増加」と「やや増加」の割合が41.8％と大きい（図表5-5）。規模別格差は、受注単価の変化よりも、受注量の変化において特に1〜9人層との間で顕著であることがここでも確認される。

注31）　これは受注単価の低さの問題が1〜9人層の方が他の上位階層よりも緩やかであることは意味しない。同調査において複数回答で同様の設問した結果では、3つの階層が横並び（1〜9人：41.9％、10〜49人：42.0％、50人以上：42.3％）で「受注単価が低い」ことを経営上の課題としている。

図表5-5　受注先数の増減

（単位：社、％）

	増加	やや増加	横ばい	やや減少	減少	合計
1～9人	7 4.0	22 12.6	35 20.0	37 21.1	74 42.3	175 100.0
10～49人	71 18.0	73 18.5	82 20.8	91 23.1	77 19.5	394 100.0
50人以上	28 17.0	41 24.8	54 32.7	27 16.4	15 9.1	165 100.0
全規模	106 14.4	136 18.5	171 23.3	155 21.1	166 22.6	734 100.0

資料：大阪産業経済リサーチセンター（2014）
（注）　図表5-4と同じ。

図表5-6　企業規模間格差に関する理論の分類

企業の内			生産要素論
企業 の外	相対	取引	搾取のヒエラルキー論
	市場	取引	受注環境論
		競争	利潤率階層化論

	数量	価格
供給	生産要素論	利潤率階層化論
需要	受注環境論	搾取の ヒエラルキー論

資料：筆者作成。

　受注量の増減が付加価値生産性や収益の規模間格差に影響を与えており、受注環境の変化やそれに対する適応状況を分析する視点が重要と考えられる。これを受注環境論と呼ぶ。第2章でみた規模間格差についての理論との関係では、図表5-6のとおりに位置付けられる。

4.　受注環境論

　これまでみてきたように、規模間格差、とりわけ中小企業内格差増減の背景を考えるには、供給よりも需要、価格よりも数量に焦点を当てた分析が有効である。グローバル化や情報化を背景として受注環境が悪化するなかで、受発注関係の末端に位置する中小企業下位層の受注量が特に減少した。それによって、付加価値生産性の規模間格差が拡大したが、

こうした状況に対して、人材をはじめとした経営資源に乏しい小零細企業は、新たな需要獲得能力が弱いことにより格差拡大に拍車がかかったとの見方が受注環境論による規模間格差の捉え方である。

　この見方をマクロ的について検討するため、製造業に対する需要を捉えることができる産業連関表を用いて、需要量の増減を分析する。その際、本論の主たる関心事は数量の増減であるため、実質値に注目する。具体的には、1985年以降の製造業に対する需要動向を「接続産業連関表」を用いてみていく[注32]。

　まず、需要合計（実質）の変化をみると、1985年から90年に78.7兆円増加した後、90年代前半には減少した（図表5-7）。90年代後半に増加に転じたが、増加したのは輸出であり、内需は減少が続いた。需要増加の恩恵は、輸出関連企業にもたらされたことになる。中小製造業は輸出比率が低いことから、輸出増加の恩恵を受けにくい一方で、内需の減少によりむしろ苦境が続いた。

　2000年代前半になって、ようやく内需が4.9兆円の増加に転じた。しかし、供給面をみると、輸入額が8.4兆円増加している。国内需要の増分以上に輸入品が国内市場に流入しており、結果として国内企業が獲得できた内需は、むしろ減少したことになる。内需中心の中小製造業にとっては、受注の厳しさが続いた。2000年代後半には、再び、内需が大きく減少することになった[注33]。

　このように、1990年代から2000年代にわたって、製造業は低調な受注環境にあり、需要の下押し圧力が一時緩和したかにみられる2000年代前半においても、内需を中心とする中小製造業にとっては厳しい状況が続いていた[注34]。中小企業の中でも小零細企業は輸出比率が低いため

[注32] 接続産業連関表は、3時点で産業分類の統合を行ない、名目値の需要額等を示した表を掲載しているほか、その最新年次の価格を基準として、過去の2時点の値を実質化した表を掲載している。

[注33] 特に、産業連関表が作成対象となった2011年は東日本大震災が発生した年であり、そのことが内需を下押しする要因にもなったとみられる。

図表 5 - 7　1985 年以降の需要と供給の増減額

（単位：兆円）

		85-90	90-95	95-00	00-05	05-11	11-15
実質	需要合計（＝供給合計）	78.7	-1.4	4.9	18.7	-33.7	21.2
	国内需要	75.0	-2.4	-5.1	4.9	-39.7	19.6
	輸出	3.7	1.0	10.0	13.8	5.9	1.6
	供給 （控除）輸入計	9.9	6.1	5.0	8.4	4.8	6.2
	国内生産額	68.8	-7.5	-0.1	10.2	-38.5	15.0
	粗付加価値部門計	28.0	-3.3	-2.4	2.4	-9.6	10.0
名目	需要合計（＝供給合計）	65.6	-21.6	-2.4	15.1	-14.1	31.1
	国内需要	65.0	-20.5	-10.8	5.5	-14.2	21.5
	輸出	0.6	-1.1	8.3	9.6	0.1	9.6
	供給 （控除）輸入計	9.8	1.6	7.5	9.9	3.8	16.0
	国内生産額	55.9	-23.2	-9.9	5.2	-17.9	15.2
	粗付加価値部門計	28.9	-4.1	-5.9	-11.7	-14.4	12.2

資料：総務省「平成17-23-27年接続産業連関表」「平成7-12-17年接続産業連関表」「昭和
　　　60年-平成2-7年接続産業連関表」より作成。
（注）　製造業。85-90年と90-95年は1995年、95-00年と00-05年は2005年、05-11年と
　　　11-15年は2015年を、それぞれ基準年として実質化した価格に基づく増減額である。

（図表 5 - 8）、1990 年代から 2000 年代までの受注環境は、小零細企業に
とって特に厳しいものであり、中小企業の中でも格差が拡大したと考え
られる。

　前掲図表 3 - 2 でみたように、4～19 人規模の付加価値生産性指数は、
1990 年の 30.3 から 2010 年には 24.3 へ、20～29 人規模でも同期間に
36.0 から 30.4 へといずれも低下した。これに対して、中小企業でも 50
～299 人規模は同期間に 43.7 から 45.5 へと上昇した。国内需要が縮小
した 1990 年代、2000 年代における付加価値生産性は、50 人以上の中小

注34)　厳しい受注環境の下で、企業は、付加価値を創出することが難しかった。1980
　　年代後半には粗付加価値額を 28 兆円増加させたものの、1990 年代には減少が
　　続いた。2000 年代前半には粗付加価値額は 2.4 兆円増となるものの、需要の増
　　加が主に輸出の増加であり、内需が輸入増加によって浸食されたことを考える
　　と、中小零細企業の粗付加価値額は増加しなかったとみられる。さらに、名目
　　値でみれば 11.7 兆円減である。企業経営にとっては、名目での付加価値が重要
　　であり、製造業全体とみて厳しい状況に変わりはなかったと言える。

図表 5 - 8　従業員規模別に見た輸出企業の割合

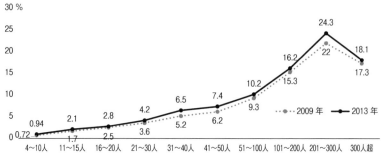

資料：中小企業庁編（2016）。原資料は、経済産業省「平成 21 年工業統計表」、「平成 25 年工業統計表」再編加工。
（注）　従業者数 4 人以上の事業所単位の統計を、企業単位で再集計。

企業が堅調に推移する一方で、29 人以下の企業では厳しい状況にあり、2010 年頃までは、中小企業内で格差の拡大が続いた。

　2010 年代に入って、需要合計は増加に転じた。内需でみても 19.6 兆円増加する一方で、輸入は 6.2 兆円の増加に留まったので、内需を中心とした企業にとっても、ようやく需要増加を享受できる環境となった。

　付加価値生産性指数は、50〜299 人規模で 2010 年の 45.5 から 2014 年に 46.5 へと 1.0 ポイント上昇したが、同期間に 4〜19 人規模では 24.3 から 26.7 へと 2.4 ポイント、20〜29 人規模でも 30.4 から 32.9 へと 1.5 ポイント上昇した。国内需要が持ち直した 2010 年代前半には、巨大企業と中小企業との間だけでなく、中小企業内での格差も縮小した。

5.　小括

　本章では、中小企業内格差の拡大とその要因について数量と価格に分けて分析した。1990 年代後半以降広がる中小企業内格差の実態を検証し、その要因について統計データを通じて考察した。

　1990 年代以降、内需は縮小傾向にあり、それがわずかに増加した期間においても輸入増加が上回り、内需を主体とした中小製造業にとって

は厳しい需要環境が続いた。この期間、付加価値生産性の規模間格差が拡大した。

　内需は、2010 年代になってようやく増加に転じ、巨大企業と中小企業との格差だけでなく、中小企業内の格差も縮小した。

　なお、本章の接続産業連関表を用いた分析の対象外ではあるが、高度経済成長期については内需が急激に拡大した時期であり、そのため規模別格差が縮小したと考えられる。

第6章　中小企業下位層における受注減少の実態

　前章では、グローバル化などの受注環境悪化が、中小企業下位層に持続的な打撃を与え、規模間格差の要因となっていることをみた。本章では、主に企業事例を通して、中小企業下位層における受注減少の実態をみていく。

1. 中小企業上位層と中下位層への二極化の背景

（1）中小製造業上位層による内製化

　大企業の海外移転に伴う国内生産の減少による影響を受けたのは中小企業全体であるが、その中でも規模の小さい企業群の打撃が大きい。受注減少に対して、組立型の機械工業では中小企業上位層が、金属プレスや切削など川上にあたる工程を内製化し、中小企業中下位層の受注が減少するといった事例がみられる。

　中小企業上位層は、生産能力、技術力、品質管理能力を高め、受注先からまとめて任されるようになった。こうした企業では、自らは内製化率を高める一方で、外注については環境や安全に対する受注先の要求の高まりに対応できる外注先に発注を集中させた。このため、中小企業中下位層では、それに対応できるところへの集約化が進む一方で、それに対応できないところは規模縮小や廃業が進んだとみられる。

　バブル経済崩壊後の厳しい経済情勢の下、下請単価の引下げ圧力は激

しく、毎年数％の価格下落が続いた^(注35)。中国を始めとした東アジアの
工業水準が高まるにつれて、海外調達した場合の価格との比較により値
下げを要求されることも多かった。ただし、90年代前半には低価格に
耐えかねて受注を断ると、受注が舞い戻ってくるという話も聞かれた。
受注先は中国等から調達してみたものの、そこでの技術水準が高くな
かったので、品質が要求水準に満たないことが多かったからである。

　しかし、1990年代半ばにおける急速な円高により、大企業のみならず、
中小企業上位層の企業を含めて海外生産を推し進めた。これに情報通信
革命の進展が加わり、海外の生産拠点からの部品調達が容易になると、
大企業は、国内下請企業に加工単価の引下げを求めるよりも、海外調達
を主とするようになった。日系企業等の海外進出に伴う技術移転が、中
国、韓国、台湾、東南アジア諸国の技術水準を高め、それによってさら
に海外進出が容易になるという循環が生じた。大企業は、国内完結型の
効率的な生産システムを維持することよりも、東アジア大で生産システ
ムを再編することを選んだのである^(注36)。東アジアでは、量産品につい
ては最終製品製造企業のみならず、1次下請企業の進出により、現地で
生産ピラミッドが構築された^(注37)。ただし、2次以下の下請企業には小
規模な企業が多いことから、海外進出企業は限られている。そのため、
日本に立地する従前の2次下請企業から輸入する場合もあるが、現地調
達比率を高めるために、現地企業から調達したり、1次下請企業が内製

注35）黒瀬（2012）では、中小企業庁「下請中小企業短期動向調査」より、下請企業
　　の受注単価は1990年を100とした指数で2005年には50.1と受注単価が2分の
　　1になったとしている（pp.384-385）。対象企業の入れ替わりや加工内容の変化
　　があるので、これほど劇的な変化があったかどうかは不明であるが、仮に、こ
　　のとおりであれば、受注単価は年平均4.5％程度低下したことになる。
注36）渡辺（2010）は、「機械生産のための地理的な場が、すなわち生産が完結する地
　　理的な拡がりが、日本から東アジア大へと変化した」とし、このような分業構
　　造の拡大を「東アジア化」と呼んでいる（p.341）。
注37）ここでは、個々の企業を頂点とした構図ではなく、大企業群、中小企業群とし
　　て階層別に包括的に捉えているため、山脈型やネットワーク型ではなく、ピラ
　　ミッドとして表現している。

化を進めたりすることが多くなった[注38]。こうした状況は、ものづくりの川下に近い完成部品等を製造する中小企業上位層と、それよりも川上に位置する中小企業中下位層との間で生じる。

（2）仕入先業界による川下への進出

製造業には、川下工程に進むほど規模が大きくなる業種だけでなく、川上工程に進むほど規模が大きくなる素材型業種もある。最終製品に対する市場規模の拡大が頭打ち、若しくは減少傾向となる 1990 年代以降に、素材・中間財に対する需要も頭打ちとなり、規模の大きい川上の企業が、川下の付加価値を取り込むこともみられた。そうした分野でも、中小企業中下位層にとっての需要が縮小し、受注量の減少に伴い付加価値生産性格差が拡大していった。

次に、機械金属関連工業について、企業事例を通じて受注環境変化が各規模層に与える影響を考える。

2. 受注環境の変化と各規模層への影響

（1）Ｔ社（プラスチック成形、従業者数 50〜299 人）[注39]

Ｔ社は、大阪府に立地し、大手家電メーカーからの白物家電部品の受注を主とする企業である。Ｔ社は、ユニット化した完成部品を受注している。

近年、設計等を含めて任されるようになった。これは、受注先において、太陽電池などの新エネルギー分野や薄型パネルなどの新産業分野へ技術者の主力が振り向けられ、白物家電の分野が手薄となったことなどによる。

Ｔ社では、下請生産で培った製品開発力を活かして、医療現場で用い

注38）（独）中小企業基盤整備機構（2008）は、中国華南地方に進出した一次部品サプライヤーが、本来日本では協力メーカーに外注している工程を、中国工場で内製化している事例を紹介している（p.65）。
注39）資本金 5,000 万〜1 億円未満の企業（2013 年 10 月、取締役からの聞取り）。

られる冷蔵庫などの開発を行っている。また、自動車部品も手掛けるようになったが、そこで要求される品質を実現するために大手家電メーカーを退職した人材を迎え入れ、技術指導を受けている。

　上記家電メーカーからの受注は一時期減少したが持ち直しており、自動車や住宅設備など他分野からの受注は増加している。正社員は、理系の人材を新卒、中途採用により獲得できているが、期間工にも優秀な人材がおり、正社員への登用制度を導入することも考えている。

（2）Ｉ社（金属プレス、従業者数50～299人）[注40]

　Ｉ社は、大阪府に立地し、大手家電メーカーからテレビ部品などの金属プレス加工を受注している。Ｉ社には50社程度の外注先があるが、近年は減少してきた。

　その理由は、第一に、金属プレスの加工精度向上に伴い切削や研磨が必要なくなったり、順送プレス機とロボット等の設備の導入により生産性が向上し、外注より内製の方が安価になったりし、外注量が減少したためである。

　第二に、外注先の絞り込みという要因がある。受注先との加工図面のやり取りにおいて、情報セキュリティへの要求が厳しくウィルス対策や暗号化などの処理が必要であり、外注先についても一定の情報化及びそのセキュリティ対応を求めることになってきたが、それに対応できない小零細企業も少なくない。外注先に品質管理や三次元測定機を使うための技術指導をしようとしても、情報リテラシーが高い従業員が少ない小零細企業に対しては困難である。こうしたことから、Ｉ社では対応力のある特定の外注先へと発注を集約化してきた。

　一方で、情報化等の環境変化に対応できない外注先では、ロボット等の設備も導入できず、そうした職場には若い人も来ないという悪循環が生じているという。Ｉ社では、かつて外注協力会を組織していたが、環

[注40] 資本金1,000万～3,000万円未満の企業（2007年12月、総務部長から聞取り）。

境変化についていけない外注先とは、長年の取引実績だけでは取引できなくなってきたので、協力会は 2004 年に解散した。

(3) Ｈ社（大阪府、歯車製造業、従業者数 10〜49 人）[注41]

Ｈ社は、歯車を製造しており、2000 年頃は在阪大手家電メーカーから月 1,000 万円以上の受注があった。

しかし、現在はその受注は皆無で、電動工具や印刷機械などに使われる歯車を製造しており、最終用途が不明の場合も少なくない。設備は老朽化しているが、受注は減少しており、今後も増加する見込みがないので設備投資は控えている。

従業員の平均年齢は 50 歳を超える。若年労働者を求めてハローワークを通じて人材募集したが、応募者は 50 歳以上がほとんどであり、採用できた若年雇用者は基礎的な能力の面で問題があった。自社のウェブサイトは保有していない。

3. 中小企業上位層における川上川下の付加価値の取り込み

グローバル化と情報通信革命が進展し、大企業を中心として海外生産を拡大することによって、わが国の生産システムは、東アジアを取り込んだ新たな生産システムへと再構築された。東アジアを中心とした財の供給能力拡大の裏で国内需要の縮小がバブル経済崩壊以降に顕著になり、供給過剰経済の下で競争が激化しデフレが進展した。このことは、中小企業のすべての階層に大きな打撃となるものである。

ただし、中小企業上位層は、資金や人材面での優位に基づき、川上川下の付加価値を取り込んだ。すなわち、中小企業上位層は、縮小する国内受注に対して、Ｔ社のように川上の設計工程を取り込むことによって受注減少を緩和したり、Ｉ社のように内製化を進めることによって生産工程における川下の付加価値を取り込んだりすることが可能であっ

注41) 資本金 1,000 万円未満の企業（2012 年 3 月、代表取締役からの聞取り）。

た[注42]。さらに、大企業が旧来型産業における部品開発・設計工程を放出することによって、実際の製造工程まで踏まえた部品開発・設計できる力を失っていったことが、中小企業上位層が大企業から受注する際の価格交渉力を高めることにつながった。このため、生産性の上昇を上回る受注価格の低下を回避することができ、受注量だけでなく受注単価面からも付加価値額の確保に貢献した。

　その一方で、単加工を中心とした中下位層にとっての需要は、中小企業上位層の内製化、外注先の集約化もあり、国内での完成品生産の減少幅を超えて急速に縮小した。こうした受注の量的な減少は、中小企業中下位層内の競争に拍車をかけ、受注単価低下は上位層と比べて一層深刻な問題となった。

4.　大企業の人材放出と中小企業上位層の人材確保

　経済環境変化のもう一つの側面は、グローバル化、情報化といった状況に対応する人材やシステムの重要性が高まってきたことである。高田（2003）は、1980年代以降、ソフトな経営資源の寄与が高まり、技術、情報をはじめソフト部門への資本・人材等の生産要素の投入が影響力を強める状況の下で、「中小企業の技術力向上が大企業に比べて遅れつつあり、資本設備の性能であらわされる技術力の差、あるいは資本設備を効率的に用いる技術力の差など、人材、生産設備の質等、資本の量にはあらわれない経営資源の格差が拡大している」（p.131）ことを指摘している。

　1980年代以降みられた大企業と中小企業との間でみられたソフトな経営資源の保有状況の差は、90年代半ばに始まった急速な円高の下での中小企業上位層の海外展開やCAD/CAM、インターネットの普及等に対応できる人材の有無にみられた。中小企業上位層がこうした人材を獲得・保有できるのに対して、中小企業下位層はH社でみたように確

注42）中大規模工場の内製化の実態については、大阪府立産業開発研究所（2008）を参照のこと。

保が困難で、上位層との間で付加価値生産性格差が進んだとみられる。

　また、中小企業上位層では、1980 年代後半から 1990 年代前半にかけて大都市圏周辺部などに工場新設した企業が散見され、作業環境の改善などもあり、人材確保に有利であった。その一方で、大都市圏の中心部に位置した中小企業中下位層を中心として、サービス経済化の下で飲食小売業やサービス業へと人材が流れる中で人材確保が困難な企業が多くなった。

　さらに、1990 年代半ばに 3 つの過剰に悩まされた大企業は、東アジアを取り込んだ新たな生産システムを構築する一方で、国内生産縮小に伴い人員削減を進め、技術者が放出された。そうした動きは業況が悪化するたびに散見されるようになったが、こうして退職した技術者等が中小企業上位層の戦力となった。例えば、「生活雑貨の製造販売を手掛ける旭電機化成[注43]は昨年 4 月から今年 5 月にかけてパナソニック出身の社員を計 5 人採用した。その多くは家電の開発や品質管理などを担当していた 50〜60 代の技術者（日本経済新聞 2013 年 5 月 23 日）」であると報道されている。大企業の技術者を受け入れる事例は、T 社でもみたように中小企業上位層ではしばしばみられ、人材の底上げにつながっている。

5.　小括

　中小企業内で企業規模に基づく格差が生じているが、その構図は、図表 6 - 1 に示される。

　中小企業下位層の付加価値生産性の相対的な低下は、原料高製品安の影響が、規模が小さくなるほどに大きいといったことも影響しているが、そうした価格要因よりも受注量減少という数量要因が大きい。

　受注量の減少の背景には、少子高齢化による国内市場の成熟化や情報化、経済のグローバル化といった社会経済環境がある。国内市場の成熟

注43) 大阪市、資本金 7,500 万円、従業員数 150 名（2013 年 11 月 2 日、同社ウェブサイトにて確認）

図表 6-1　小零細企業における受注環境変化とその影響

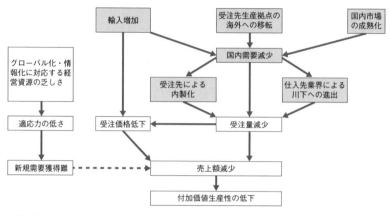

資料：筆者作成。

化は、消費財を生産する中小企業に打撃を与えた。第7章でみるように、
2000年～2014年において、出荷額が大きく減少したのは、漆器、革製
履物、袋物などの中小企業性業種であった。情報化・グローバル化の下
で、輸入が増加するとともに、大企業を中心とした生産拠点の海外移転
が加速し、国内需要を中心とする中小企業の受注に打撃を与えた。低調
な内需の下で、川上に位置する素材型の規模の大きい企業が、川下への
参入を強めた結果、中小企業の中下位層を中心として受注が減少した。

　また、加工組立型産業においては、中小企業上位層を中心に内製化が
進められ、受注連鎖の末端に位置する中小企業下位層へのしわ寄せの結
果、受注が減少したということもある。中小企業下位層では、輸出やイ
ンターネットを活用した新たな受注獲得も困難であり、従来からの受注
減少を補うことも難しかった。

　その一方で、社内のソフトな経営資源を活用し、海外需要やインター
ネットを用いた需要獲得をできる適応力があったのは、人的経営資源等
に恵まれた規模の大きい企業であった。

　大企業の生産体制がグローバルに再編される中で、中小企業上位層が

川上川下の付加価値を取り込むとともに人材確保面で優位となり、受注環境変化に適応する一方で、中小企業中下位層が取り残されることになった。

　本章では、近年における中小企業内格差拡大要因を説明する上では、これまでの生産要素や業態、最低必要資本量というアプローチだけではなく、企業の受注環境を重視した、需要面、数量面からの分析が有効であることを企業事例から示した。

第Ⅱ部

需要縮小期の
中小企業の存立

2000年以降の
産業構造変化と
中小企業部門の縮小

　中小企業の減少は、1980年代から始まり、21世紀に入ってから特に顕著である。本章では、中小企業の縮小要因を、産業構造の変化を需要の変化に基づくものとみなし、それが中小企業の縮小に与えた影響をシフト・シェア分析によって量的に把握する。そのうえで、需要構造の変化で説明できない残余について、規模間での競争や条件の違いとして考察していく。変化をみる対象年次は、2000〜2014年である。

1. 規模構造と産業構造の変化

(1) 規模構造の変化

　わが国工業の規模構造をみると、企業数については、中小企業が圧倒的割合を占める。18万者近くの企業の中で98%以上が、従業者4〜299人規模の企業である（図表7-1）。しかし、生産力の面では、従業者300人以上企業の存在感が大きく、製造品出荷額等の3分の2を占める。本章では、従業者4〜299人規模の企業を中小企業、同300人以上の企業を大企業として分析する。

　製造業の中小企業数は、2000年からわずか14年間に、約13万者（42.7%減）減少した。これに対して、大企業は、わずか5者減と、ほぼ横ばいであった。中小企業の中でも従業者数50〜299人という上位規模層が18.5%減に留まるのに対して、4〜9人の零細規模層では56.1%

図表 7-1　企業数、製造品出荷額等

（単位：者、10 億円、％）

	2014 年						2000 年	
	企業数			製造品出荷額等			企業数	製造品出荷額等
		構成比	増加率		構成比	増加率		
全規模	178,818	100.0	-42.3	305,140	100.0	3.3	309,890	295,515
大企業	3,085	1.7	-0.2	203,772	66.8	11.5	3,090	182,790
中小企業	175,733	98.3	-42.7	101,368	33.2	-10.1	306,800	112,725
50～299 人	20,133	11.3	-18.5	66,121	21.7	0.3	24,688	65,955
10～49 人	78,529	43.9	-26.2	29,779	9.8	-17.8	106,411	36,227
4～9 人	77,071	43.1	-56.1	5,469	1.8	-48.1	175,701	10,544

資料：経済産業省「工業統計表（企業に関する統計表）」より作成。
(注)　製造業。大企業は従業者 300 人以上、中小企業は従業者 4～299 人の企業。2014 年の
　　　各項目の右列は、2000 年からの増加率。2000 年については、2014 年において製造業に
　　　分類されなくなった「新聞業」及び「出版業」を除いた数値。

減となっている。21 世紀に入ってからの製造業の縮小は、中小企業、
とくに小零細規模層の減少によるものである。

　企業規模構造の変化により、出荷額構成にも変化がみられる。製造品
出荷額等は、2000 年から 2014 年にかけて 3.3％と微増であったが、同
期間に大企業で 11.5％増加したのに対して、中小企業は 10.1％減少した。
ここでも、50～299 人の中小企業の上位規模層は 0.3％増とわずかであ
るが増加したのに対して、10～49 人規模は 17.8％減であり、4～9 人の
零細規模層に至っては半減している。

　小零細企業を中心とした中小企業は、何故減少しているのであろう
か。「資本を集積・集中した大資本が新生産手段の利用と競争上の優位
性によって小資本を破滅させ、それは、その部門の標準的資本量の最低
限のひきあげを通じてさらに、資本の集積・集中を刺戟する（北原、
1960、p.81)」といった規模間の「競争」の結果としての中小企業の生
産縮小は、いつの時代にもみられる。一方、耐久消費財や迂回生産の進
展に伴う資本財への需要の高まりが中小企業に不利に働いた可能性もあ
る。中小企業の主な存立分野は、繊維や雑貨などの軽工業だったからで

ある。

　さらに、需要構造と供給構造の変化が絡み合った状況において、中小企業が衰退していくことも考えられる。低賃金を存立基盤としてきた中小企業が、新興工業国の追い上げにより縮小していくという現象は、1970年代以降、繊維や雑貨でみられ、1980年代、90年代の円高を契機として機械金属製品でも広範にみられるようになった。これは、中小企業と新興工業国の競争という観点では供給構造の変化であるが、圧倒的な生産コストの差の下での、国内製品に対する需要縮小とも言える。

　大企業の下請企業として部品を提供する加工組立型業種における中間財の生産は、軽工業と並んで、中小企業にとっての重要な存立分野である。しかし、グローバル化の急激な進展の下で、大企業は、安価な輸入部材への代替や生産拠点の海外への移転により国内下請中小企業への発注を減らした。これは供給構造の変化に伴い、中小企業への需要が減少したものと捉えることができる。

（2）産業構造の変化

　製造業の業種構造について小分類でみると、2014年に157の業種、2000年には159の業種があった。この間に産業分類の変更が2度あり、2000年に存在した複数部門が2014年では一つの部門に統合されたケースや、逆に一つの部門が複数の部門に分割されたケースがある。例えば、2000年における「製糸業」「紡績業」「化学繊維製造業」「ねん糸製造業」は、2014年には「製糸業、紡績業、化学繊維・ねん糸等製造業」に統合される一方、2000年の「発電用・送電用・配電用・産業用電気機械器具製造業」が、2014年に「発電用・送電用・配電用電気機械器具製造業」と「産業用電気機械器具製造業」に分割された。小分類ベースでの統合、分割だけでなく、小分類を跨いだ再編が実施されているため、厳密な統合は困難である。また、「たばこ製造業」のように、製造品出荷額等が秘匿の産業も少なくない。そうした点を考慮し、小分類ベースで概ね比較可能と考えられる部門について79業種に統合し、2時点の

製造品出荷額等を比較した。

　2000年から2014年における製造品出荷額等の増加率上位10業種を
みると、「潤滑油・グリース製造業（石油精製業によらないもの）」や「非
鉄金属第2次製錬・精製業（非鉄金属合金製造業を含む）」など素材産業
が上位にランクインしている（図表7-2）。2000年代には、中国をはじ
めとした新興国の工業化が著しく、それに伴い原油などの資源価格が大

図表7-2　製造品出荷額等の増減（2000〜2014年）

（単位：%、百万円）

増加率上位10業種		増加率	増加額	中小企業比率
1	潤滑油・グリース製造業（石油精製業によらないもの）	174.6	251,182	100.0
2	農業用機械製造業（農業用器具を除く）	152.5	864,705	65.4
3	非鉄金属第2次製錬・精製業（非鉄金属合金製造業を含む）	125.5	728,295	84.4
4	非鉄金属第1次製錬・精製業	92.7	1,236,914	9.6
5	プラスチックフィルム・シート・床材・合成皮革製造業	82.6	1,602,853	61.6
6	船舶製造・修理業、舶用機関製造業	55.3	952,083	45.2
7	無機化学工業製品製造業	45.4	536,969	69.6
8	その他の金属製品製造業	33.9	323,404	63.8
9	自動車・同附属品製造業	33.2	13,798,052	10.8
10	有機化学工業製品製造業	33.0	2,958,438	22.7
減少率上位10業種		減少率	減少額	中小企業比率
1	漆器製造業	−64.3	−42,627	100.0
2	染色整理業	−60.8	−561,946	61.6
3	革製履物用材料・同附属品製造業	−58.8	−15,457	100.0
4	袋物製造業	−58.4	−85,767	100.0
5	電子応用装置製造業	−52.4	−1,601,378	27.3
6	がん具・運動用具製造業	−50.9	−407,967	61.4
7	電子計算機・同附属装置製造業	−48.6	−2,875,331	15.5
8	織物業	−45.0	−278,510	91.0
9	民生用電気機械器具製造業	−43.5	−1,337,706	27.7
10	その他の木製品製造業（竹、とうを含む）	−38.5	−81,360	100.0

資料：経済産業省「工業統計表（企業に関する統計表）」より作成。
（注）　産業小分類で比較可能な79業種のうち、増加率・減少率上位10業種を表示。中小企業
　　　　比率は、従業者299人以下の企業における製造品出荷額等が全規模に占める割合（2000年）。

幅に上昇したことが、こうした業種の出荷額急増の背景になっている。そうした中で第 9 位に位置する「自動車・同付属品製造業」が 13.8 兆円と群を抜いた増加額となったことが目を引く。その他にも「農業用機械製造業（農業用器具を除く）」など、機械金属関連業種の伸びが大きい。

　一方で、減少率上位 10 業種は、「漆器製造業」「染色整理業」など、繊維製品や身の回り品がほとんどを占める。嗜好の変化や安価な海外製品の流入によって国内製品への需要減少が進んだ業種である。そうした軽工業以外では、電気機械器具の減少が著しい。

　出荷額増加／減少率の上位業種をみると、増加率の上位にみられる「非鉄金属第 1 次製錬・精製業」や「有機化学工業製品製造業」、「自動車・同附属品製造業」などは大企業性業種（中小企業の出荷額シェアが 30％未満の業種）であり、減少率の上位の「漆器製造業」「革製履物用材料・同附属品製造業」「袋物製造業」「織物業」などの繊維・身の回り品は中小企業性業種（中小企業の出荷額シェアが 70％以上の業種）である。大企業性業種に対する需要拡大の一方で、中小企業性業種に対する需要が縮小するといった産業構造の変化が、中小企業の縮小に影響を及ぼした可能性が考えられる。

　しかしながら、増加率の上位業種の中にも中小企業性業種が少なくなく、一方、減少率の上位には「電子応用装置製造業」「電子計算機・同附属装置製造業」「民生用電気機械器具製造業」といった大企業性業種が含まれ、しかも、それらの減少額が大きいことから、中小企業性業種に対する需要の縮小が規模構造に与える影響を相殺している可能性も考えられる。

　そこで、シフト・シェア分析によって産業構造が規模構造に与える影響について検討してみよう。

2.　シフト・シェア分析

（1）シフト・シェア分析とは

　シフト・シェア分析は、地域経済の成長が国民経済の成長から乖離す

る要因について、その地域の産業の構造面での特徴（産業構造要因）と、その他の地域要因（地域特殊要因）に分解して、それらが地域経済の成長にどの程度影響しているかを分析するために用いられることが多い（小林（2004）、峯岸（2010）、町田（2011）など）。ここでは、地域を規模に置き換え、製造品出荷額等について、各業種と全規模との成長率の格差を、各規模における産業構造上の要因（産業構造要因）とそれ以外の要因（規模構造要因）に分解して考察する[注44]。計算式は以下のとおりである。

中小企業・全産業の成長率−全規模・全産業の成長率
＝Σi［中小企業・産業iの構成比×（全規模・産業iの成長率−全規模・全産業の成長率）］
＋Σi［中小企業・産業iの構成比×（中小企業・産業iの成長率−全規模・産業iの成長率）］

　左辺は中小企業の製造品出荷額成長率が全規模をどれだけ上回っているかを示す。

　右辺第1項が産業構造要因で、各産業の成長率が全産業を上回っている度合を中小企業における各産業の構成比でウエイト付けしたものである。産業iの成長率が全産業を上回る高成長産業で、中小企業におけるウエイトが大きければ、中小企業・全産業の成長を押し上げることになる。逆に、衰退産業のウエイトが大きければ、中小企業・全産業の成長にとってマイナスとなる。

　全規模での製造品出荷額等の増加率を、国内製品に対する需要増加率と考えると、中小企業においてウエイトの大きい産業での需要減少が大きければ、それによって中小企業の成長は、全産業ベースで下押しされ

[注44]　企業規模における業種構成の違いを踏まえた研究では、大企業と中小企業の付加価値生産性格差を業種構成要因と業種内規模間要因とに要因分解した中小企業庁編（1982）がある。

る。逆に、中小企業においてウエイトの小さい産業での需要増加が大きければ、それによっても中小企業の成長は限定される。中小企業性業種である漆器や木製容器などの需要が減少したり、大企業性業種である自動車の需要が増加したりすれば、全産業ベースでの中小企業の出荷額シェアは低下する。

　そうした需要要因で説明できない出荷額の変動があれば、規模構造、すなわち供給面の変動を意味する。右辺第2項は、特定産業iにおける中小企業と全規模との成長率格差を中小企業における各産業の構成比でウエイト付けしたものである。これは、特定業種において中小企業の競争力が全規模よりも上回っているか否かを示し、それが中小企業全産業にどれだけ影響を与えるかを示すものである。

(2) シフト・シェア分析の計算結果

　前述の2時点で比較可能な79業種では、全産業の中で2000年に69.0％、2014年でも70.7％しかカバーできていない。そこで、中分類ベースでの規模別製品出荷額を利用して、秘匿の関係で小分類ベースでは比較対象にならなかった業種について、中分類で統合することによって新たに17業種を追加し、中分類ベースでも規模別出荷額等が把握できない残余の業種（「なめし革・同製品・毛皮製造業」や「その他製造業」に含まれる業種）を統合した1業種を加えて97業種とした。このように集計した業種別規模別の製造品出荷額等を用いてシフト・シェア分析を行った。

　図表7-3は、その計算結果である。全規模では2000年から2014年の間に製造品出荷額等が3.3％増加した。中小企業では10.1％減となり、全規模の増加率と比較すると、中小企業で13.3ポイント低い。これを産業構造要因と規模構造要因に分解すると、産業構造要因で5.1ポイント、規模構造要因で8.3ポイント、それぞれ低下に寄与した。一方で、大企業は産業構造要因と規模構造要因がともにプラスに寄与し、全規模よりも8.2ポイント高い成長率となった。

図表7-3　製造品出荷額等増加率のシフト・シェア分析

(単位：%)

	増加率	全規模の増加率との差		
			産業構造要因	規模構造要因
全規模	3.3	—	—	—
大企業	11.5	8.2	3.1	5.1
中小企業	-10.1	-13.3	-5.1	-8.3
規模間格差	21.6 (100.0)	— —	8.2 (37.9)	13.4 (62.1)

資料：経済産業省「工業統計表（企業に関する統計表）」より作成。
(注)　2000年から2014年までの増加率。四捨五入の関係で内訳が合計と一致しない場合がある。（　）内は増加寄与率。

　中小企業と大企業の規模間格差という観点でみると、中小企業は大企業を21.6ポイント下回っている。これを100％とすると規模間格差拡大の37.9％は、産業構造要因で説明できる。各規模における産業構成の違い、すなわちこの期間における国内製品に対する需要変動が、中小企業の成長に少なからず不利に働いたことがわかる[注45]。

　どの産業が産業構造要因として大きな影響を与えたかについて主な産

[注45]　産業小分類ベースで規模構造変化の要因を明らかにしたが、産業分類が小分類に留まったことが、本書でのシフト・シェア分析の限界である。各産業小分類の中でも、細分類ベース、さらには品目ベースで成長率に格差があり、高成長の業種での中小企業の構成比が低ければ（低成長業種の構成比が高ければ）、中小企業部門の成長が低かった要因を産業構造要因で説明できる割合が高まる可能性がある。中小企業庁編（1982）では、産業を中分類、小分類、細分類で分析したうえで、規模間の生産性格差のかなりの部分が業種構成要因によって説明され、業種構成要因の説明力は業種分類を細分化する程増加していることを示している。そこから、「中小企業と大企業との間の生産性格差は、細分化された個別業種においては、全体としての格差ほどの競争力の差を示すものではないと考えられる（p.101）」と述べている。
　また、産業構造要因で説明できない規模構造要因が何によるものかはシフト・シェア分析では明らかにできない。このため、規模構造要因については、個別業種の具体的な積み重ねにより明らかにしていく必要がある。

業をみると、「自動車・同附属品製造業」「石油製品・石炭製品製造業」
「繊維工業」と続いている（図表7-4）。「自動車・同附属品製造業」と
「石油製品・石炭製品製造業」については、中小企業においても成長に
プラスに寄与している。しかし、出荷額が増加する同産業において中小
企業におけるウエイトが低かったことによって、需要の伸びをあまり享
受できなかった。逆に、繊維工業はマイナスであり、需要が縮小する産
業のウエイトが中小企業で大きかったことによって、大企業以上に打撃
を受けた。

　一方、規模構造要因は規模間格差拡大の62.1％を占めており、需要構
造（産業構造）の変化では説明できない要因が中小企業の縮小に大きく
影響していることがわかる。これについては、産業構造要因の「自動車・
同附属品製造業」と「石油製品・石炭製品製造業」のように突出して、
中小企業の成長を阻害した産業を特定できる訳でなく、幅広い業種にお
ける競争力の差が格差拡大に影響している。以下、中小企業の競争力低
下要因について検討しよう。

図表7-4　シフト・シェア分析で影響与えた上位5業種

(1) 産業構造要因（％）

	中小企業	大企業	格差
製造業計	-5.1	3.1	-8.2
自動車・同附属品製造業	1.2	6.1	-4.9
石油製品・石炭製品製造業	1.0	4.6	-3.6
繊維工業	-1.7	-0.2	-1.5
鉄鋼業	1.5	2.6	-1.1
印刷業	-1.3	-0.5	-0.8

(2) 規模構造要因（％）

	中小企業	大企業	格差
製造業計	-8.3	5.1	-13.4
食料品製造業	-1.2	0.7	-1.9
自動車・同附属品製造業	-1.1	0.7	-1.8
石油製品・石炭製品製造業	-0.8	0.5	-1.3
プラスチックフィルム・シート・床材・合成皮革製造業	-0.7	0.4	-1.1
清涼飲料製造業	-0.6	0.4	-1.0

資料：経済産業省「工業統計表（企業に関する統計表）」より作成。

3.　大企業による中小企業市場への進出

　前述の小分類ベース 79 業種における出荷額の増減を規模別にパター
ン化したのが図表 7 - 5 である。

　まず、漆器製造業、革製手袋製造業、宗教用具製造業のように、そも
そも大企業が存在しない業種が 12 業種あるが、そのうち 11 業種が出荷
額を減らしている。生活様式の変化を背景とした需要縮小の影響が、中
小企業性業種の縮小に強く現れたとみられる。

　増減パターンで、最も多いのは、大企業、中小企業ともに製造品出荷
額等が減少したパターンで、織物業、印刷業、民生用電気機械器具製造
業など 25 業種ある。需要低迷や輸入品の浸透により国内製品に対する
需要が縮小し、規模を問わずに生産が縮小したことが示される。逆に、
需要拡大を背景に、ともに増加した業種も自動車・同附属製品製造業、
医療用機械器具・医療用品製造業など 17 業種ある。

　注目されるのは、大企業の出荷額が増加する一方で中小企業では減少
したというパターンが 22 業種も存在することである[注46]。少なからぬ
業種で、中小企業が大企業に市場を奪われているのである。

図表 7 - 5　出荷額の増減パターン

（単位：業種）

		大企業			
		増加	減少	なし	計
中小企業	増加	17	3	1	21
	減少	22	25	11	58
	計	39	28	12	79

資料：経済産業省「工業統計表（企業に関する統計表）」より作成。
（注）　2000 年から 2014 年までの製造品出荷額等の増減により分類。

[注46]　逆に、大企業の出荷額が減少する一方で中小企業では増加したというパターン
　　は、医薬品製造業、パルプ製造業、鉄道車両・同部分品製造業の 3 業種しかない。

　背景の一つとして、消費財については、流通経路の変化が考えられる。近年、地域の零細商店から、全国展開するチェーン店へと販路がシフトしているが、そうした販路へは、大量の供給が前提となる。とくに、店舗面積の制約のあるコンビニエンス・ストアについては、同一品目については、売れ筋の1、2のブランドしか扱っていない。このような経済環境は、中小企業にとって不利である。

　ただ、製造品出荷額等が大企業で増加する一方で中小企業では減少した業種は、大企業と競争関係にあることが多い食品などの消費財のみならず、大企業との取引関係にある生産財や資本財など幅広い業種が存在している（図表7-6）。以下、中小企業の縮小要因について、軽工業で

図表7-6　出荷額が大企業で増加、中小企業で減少した業種

野菜缶詰・果実缶詰・農産保存食料品製造業	発泡・強化プラスチック製品製造業
糖類製造業	鉄素形材製造業
精穀・製粉業	非鉄金属第1次製錬・精製業
パン・菓子製造業	暖房・調理等装置、配管工事用附属品製造業
清涼飲料製造業	金属素形材製品製造業
茶・コーヒー製造業（清涼飲料を除く）	金属被覆・彫刻業、熱処理業（ほうろう鉄器を除く）
家具製造業	その他の金属製品製造業
紙製品製造業	一般産業用機械・装置製造業
紙製容器製造業	発電用・送電用・配電用・産業用電気機械器具製造業
油脂加工製品・石けん・合成洗剤・界面活性剤・塗料製造業	電球・電気照明器具製造業
工業用プラスチック製品製造業	ペン・鉛筆・絵画用品・その他の事務用品製造業

資料：経済産業省「工業統計表（企業に関する統計表）」より作成。
（注）　2000年から2014年までの製造品出荷額等の増減により分類。

は大企業部門の川下工程に位置する紙製容器製造業、重工業では大企業部門が川下工程に位置する金属素形材製品製造業を取り上げて考察する。

（1）紙製容器製造業

　まず、紙製容器製造業をさらに詳しく細分類でみると、重包装紙袋、角底紙袋、段ボール箱、紙器製造業に分かれるが、段ボール箱製造業がその中で67.7％（2014年）を占める最大の産業である。

　段ボール箱は、段ボールシートに印刷・打ち抜き等の加工を施して、製箱したものである。段ボールシートは比較的規模の大きな企業によって生産され、2010年において上位10社が60.5％の生産シェアを占める寡占産業である（図表7-7）。これに対して、段ボール箱製造業は、上位10社の生産シェアが同33.9％であり、中小企業の出荷金額のシェアが69.4％と高い。ただし、両産業ともに、上位企業のシェアが上昇し、中小企業の割合が低下しており、寡占化が進んでいる。

　段ボールシートは、嵩張ることや品質の劣化を避けるために輸入がほとんどなく、また、段ボール箱以外の用途も稀である。このため、段ボールシートの生産数量は、段ボール箱の生産数量とほぼ一致する。段ボー

図表7-7　段ボール、段ボール箱の生産構造の変化

		出荷金額 （百万円）	大企業 割合(%)	中小企業 割合(%)	上位3社 シェア (%)	上位10社 シェア (%)	HI
段ボール （シート）	2002年	235,021	43.7	56.3	25.1	46.0	334
	2010年	236,476	46.8	53.2	31.5	60.5	507
	増加率／ポイント差	0.6%	3.1	-3.1	6.4	14.5	173
段ボール 箱	2002年	1,190,159	28.1	71.9	17.2	26.2	151
	2010年	1,240,039	30.6	69.4	20.3	33.9	211
	増加率／ポイント差	4.2%	2.5	-2.5	3.1	7.7	61

資料：経済産業省「工業統計表（企業統計編）」
（注）　HI（ハーフィンダール指数）は、各品目に占める企業のシェア（％）の二乗の合計で算出され、指数が大きい程、その品目において特定企業の集中度が高いことを示す。

ルシートの生産数量は 2000 年頃まで右肩上がりで増加しており、軽量で丈夫な段ボール箱は、経済成長に連動して生産が増加したことがわかる（図表 7 - 8）。

　段ボール箱は、原紙、若しくは段ボールシートの生産から段ボール箱の生産までを行う一貫メーカー／シートメーカーと、段ボールシートを仕入れて製箱するボックスメーカーによって生産される。一般に、シートメーカーの規模は大きく、ボックスメーカーの規模は小さい。

　段ボールシートの生産者は、それを自ら消費して段ボール箱にして販売する場合と、ボックスメーカーに出荷する場合がある。段ボール箱としては、前者の消費数量が一貫メーカーやシートメーカーの生産数量、後者の出荷数量がボックスメーカーの生産数量に相当する。1970 年代までは両者が同じように増加していたが、1980 年代以降、徐々に乖離がみられ、2000 年代以降はボックスメーカーの生産数量が減少傾向にある一方で、一貫メーカーやシートメーカーの生産数量は増加傾向が続いている。すなわち、主に規模が大きな企業が担う川上産業が、規模の小さな企業が担う割合が高い川下工程を内製化している。大企業による中小企業分野の市場への進出が進んでいるのである。

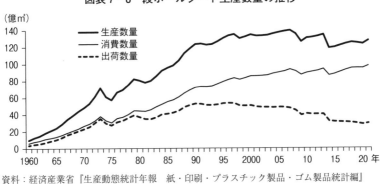

図表 7 - 8　段ボールシート生産数量の推移

資料：経済産業省『生産動態統計年報　紙・印刷・プラスチック製品・ゴム製品統計編』

（2）金属素形材製品製造業

　次に、重工業で大企業部門が川下工程に位置する金属素形材製品製造業を取りあげる。同業種をさらに詳しく細分類でみると、「アルミニウム・同合金プレス製品」「金属プレス製品（アルミニウム・同合金を除く）」「粉末や金製品製造業」に分かれ、それぞれ23.9％、60.6％、15.4％を占める。金属素形材製品製造業の製造品出荷額等は2000年から2014年にかけて12.2％増加したが、大企業で51.8％増加する一方で、中小企業では8.6％減少した（図表7-9）[注47]。自動車工業など受注先の生産が拡大する中で、金属素形材製品に対する需要の増加が大企業によって賄われて、中小企業部門は縮小したのである。これを1企業当たりの製造品出荷額等の増減と企業数の増減に分けて考えると、1企業当

図表7-9　金属素形材製品製造業の出荷額、企業数の増減

（単位：百万円、％、者）

	製造品出荷額等			1企業当たり製造品出荷額等			企業数		
	2000年	2014年	増加率	2000年	2014年	増加率	2000年	2014年	増加率
計	1,942,945	2,179,561	12.2	398	722	81.4	4,880	3,017	-38.2
中小企業	1,274,651	1,164,882	-8.6	263	390	48.4	4,854	2,989	-38.4
大企業	668,293	1,014,679	51.8	25,704	36,239	41.0	26	28	7.7
4～9人	160,769	78,377	-51.2	55	60	9.7	2,936	1,305	-55.6
10～19人	170,870	135,990	-20.4	181	175	-3.3	942	775	-17.7
20～29人	164,791	140,192	-14.9	375	376	0.1	439	373	-15.0
30～49人	183,704	191,566	4.3	732	712	-2.7	251	269	7.2
50～99人	283,000	243,319	-14.0	1,387	1,440	3.8	204	169	-17.2
100～199人	195,759	259,624	32.6	3,012	3,128	3.9	65	83	27.7
200～299人	115,758	115,814	0.0	6,809	7,721	13.4	17	15	-11.8
300～499人	137,066	110,542	-19.4	8,567	10,049	17.3	16	11	-31.3
500～999人	140,426	151,817	8.1	20,061	18,977	-5.4	7	8	14.3
1000人～4999人	390,801	752,320	92.5	130,267	83,591	-35.8	3	9	200.0

資料：経済産業省「工業統計表（企業統計編）」

注47）有形固定資産額（年初現在高）をみると、中小企業（従業者数30～299人）で17.4％減少しているのに対して、大企業では14.3％増加している。

たりの製造品出荷額等は、中小企業が48.4％、大企業が41.0％と、ともに大きく増加している。一方、企業数では中小企業が38.4％減少しているのに対して、大企業が7.7％増加している。企業数の増減率の違いが、製造品出荷額等の増減の対照的な変化につながっている。

　規模別にさらに詳しくみると、企業数は、概ね減少しているが、4～9人規模層で55.6％減と大幅に減少した。1980年代半ばまで多かった新規開業企業が、創業者一代限りで廃業したり、その準備のために家族経営に戻り3人以下層へ規模落ちしたりすることにより、4～9人層が減少したのである。そこには、事業の将来性や後継者問題などが内包されている。一方で、1,000～4,999人規模で企業数が3者から9者に増加し、500～999人規模で7者から8者に増加した。このように、中小企業部門の縮小と大企業部門の拡大は、零細な規模層の廃業（若しくは3人以下への縮小）と、主に大企業部門内での規模の上位シフトによってもたらされた。

　小零細企業が市場から退出する一方で、中大規模企業が成長し、規模を上方シフトさせてきたことが、大企業の出荷額増加、中小企業の出荷額減少の実態である。

　21世紀に入って加速化した情報通信革命の進展は小零細企業にとって厳しい環境変化であった。第6章でみたように、受注先との加工図面のやり取りにおいて、情報セキュリティへの要求が厳しくウィルス対策や暗号化などの処理が必要になるが、それに対応できない小零細企業も少なくない。品質管理や三次元測定機の利用についても情報リテラシーが高い従業員を抱えておく必要があるが、小零細企業では困難な場合も多い。事業継続に必要な資本、さらに情報化等への対応のために必要な人的資源が高度化している。

4.　小括

　本章では、2000年以降の中小企業の縮小要因について、シフト・シェア分析によって産業構造要因が4割弱で、規模構造要因が6割強を占め

ることを示した。

　産業構造要因では、大企業性業種の自動車・同附属品製造業、石油石炭製品製造業の成長が中小企業部門に不利に働いた。

　一方、規模構造要因は、幅広い業種にみられるが、紙製容器製造業と金属素形材製品製造業について吟味し、生産工程の川上部門の川下部門への進出や、中大規模部門の成長と小零細部門の衰退・退出という二極化現象が影響していることを示した。

第8章 2000年以降における中小企業の存立分野の縮小

　業種に応じて規模構造は大きく異なる。「産業の種類によってそれぞれ異なる適正規模が存在し、従って適正規模の企業は平均費用がもっとも低く、また利潤も大きい（田杉、1967、p.59）」とされる[注48]。中小企業が存立するのは、そうした「適正規模」が中小規模に存在するためというのが一つの考え方である[注49]。

　しかし、観測される利潤は、同規模の企業であっても異なり、小零細企業の中にも大企業よりも高い売上高営業利益率を示す企業も少なくない。規模のみが利潤を決定する訳ではなく、利潤率の高い企業が各規模に存在するため、「適正規模」の判断は難しい。

　本章では、21世紀に入ってからの製造業における存立の容易さ・困難さについて企業規模構造の変化から検討する。

[注48] 小林（1967）は、「適正企業規模」を「長期的収益性の最高となるような企業の構造の大きさ」としている（p.102）。ここで、「企業の構造」は、「製品品種・生産設備・販売施設・作業労働力・経営管理能力・管理組織・資本構成といった、企業の経営活動が営まれるための能力（capacity）の準備であり、販売能力も含む。適正企業規模の検出指標における企業利潤は、「粗付加価値」の総額を検討することになるとしているが、実際に求める場合の困難性を指摘している。

[注49] 近年における「適正規模」論に関する諸学説を検討については、佐竹（1995）、佐竹（2008）、長谷川（2013）、藤川（2019）等を参照のこと。

1. 適正規模、支配的規模、適度規模

　規模別に集計されたデータについては、製造業では、一企業（事業所）当たり付加価値額はもちろんのこと[注50]、一人当たり付加価値額についても、概ね規模とともに増大する。このことは、規模を細分化しても、傾向として多くの業種について当てはまる。

　しかしながら、最も付加価値生産性が高い規模の企業が各市場規模を独占している訳ではない。業種によって、規模の下限、上限はあるものの、各規模に一定数の企業が存立している。「適正規模」でない企業についても市場から駆逐される訳ではなく、幅広い規模層で存立し続ける。存立をもって「適正規模」とみなすならば、すべての規模層が「適正規模」となりかねず、無意味な議論を重ねることになる。

　そこで、相対的に優位性があるとみられる規模を明らかにし、その変化について検討するという手法が考えられる。その際に重要となる概念の一つが、末松（1948）が提示する「支配的規模（p.100）」である[注51]。これは、「一定の産業に従事している従業者数の比較的多くを雇用している規模（末松、1961、p.82）」である。

　もう一つは、適正規模に幅があると捉え、それが景気変動などによって変化するという見方である。有田（1968）は、企業の「適度規模のゾーン」は、「景気の上昇期にはその上限が、下降期にはその下限がそれぞれ上昇することによって移動し、その移動におくれた企業が経営に破綻を来し、景気下降期になると中小企業の経営困難が問題化することになる（pp.156-157）」という。

[注50]　末松（1961）は、「けっきょく最大付加価値規模をもって最適規模と考えるかぎり、すべての業種において規模を増大するほど有利であるということを実証することができる（p.152）」と述べている。

[注51]　末松（1948）は、完全競争市場において最小平均費用を実現する経営規模を（理論的な）「最適経営規模」とする。これに対して、「支配的規模」は、競争が不完全なために最適規模以下に抑制されたり、独占力によって最適規模を遥かに上回ったりするような規模が混在したものと規定している（p.100）。

規模に応じて存立の容易さは異なり、市場規模や技術的要因により、一定の規模以上又は以下の規模では経済合理的に存立が不可能になる。

そうした存立の容易さは、各規模層を取り巻く経済環境や技術的条件等によって変化し、存立が容易な規模層は相対的に拡大し、そうでない規模層は相対的に縮小する。このように考えるならば、規模構造の分布や変化をみることによって、事後的に適正規模の変化を知ることができる。

2. 2000〜2014 年の規模構造の変化

（1）企業数の減少と出荷額の維持

わが国の製造業は、1990 年代以降縮小しており、2000 年代以降は拍車がかかっている。前掲図表 7 - 1 で示したように、企業数は 2000 年から 2014 年にかけて 42.3％減となったが、製造品出荷額等は、同期間に 3.3％増加している。これは、1 企業当たり製造品出荷額等が増加して、企業数の減少を補い、生産力が維持されたとみることができる[注52]。

（2）企業規模拡大

従業者数の減少率よりも企業数の減少率が大きかったことから、1 企業当たりの従業者数は、2000 年の 29.4 人から 2014 年には 41.4 人へと拡大した（図表 8 - 1）。

規模別に、従業者数の構成比をみると、4〜9 人の企業では 11.4％から 6.4％へと低下した。99 人以下のいずれの規模層でも構成比が低下する一方で、100 人以上のいずれの規模層でも構成比が上昇している。

企業数が減少する現代は、9 人以下の零細企業が大量に廃業する中で[注53]、規模が大きくなるほど、その減少幅は小さく、生産力のうえでは、100 人を超える規模層のウエイトが高まった。

[注52]　製造品出荷額等が増加する一方で、粗付加価値額は減少している。生産工程に用いられる部材の輸入比率が高まり、付加価値率が低下しているといったことが考えられる。

　企業数が増加した高度経済成長期の規模構造はどのように変化したであろうか。高度経済成長期の後半に当たる 1963 年と 1970 年の規模構造をみると、10〜19 人規模層の構成比が高まり、100 人以上の規模層では

図表 8 - 1　企業規模構造の変化

(単位：者、人、%)

	1963 年	1970 年	2000 年	2014 年
企業数	328,652	387,552	312,341	178,818
従業者数	9,470,754	11,417,655	9,183,833	7,403,269
構成比	100.0	100.0	100.0	100.0
4〜9 人	12.2	11.9	11.4	6.4
10〜19 人	9.3	10.4	9.0	8.1
20〜29 人	7.5	5.2	8.1	6.9
30〜49 人	8.7	7.2	7.1	7.0
50〜99 人	10.6	10.0	11.5	11.2
100〜199 人	9.2	9.3	11.0	11.7
200〜299 人	4.8	5.0	6.0	6.5
300〜499 人	5.4	5.8	6.2	7.8
500〜999 人	6.5	6.9	7.5	8.7
1000 人〜4999 人	13.3	12.8	11.1	14.1
5000 人以上	12.6	15.4	11.0	11.6
(4〜19 人)	21.4	22.4	20.4	14.5
(20〜299 人)	40.7	36.8	43.7	43.3
(300 人以上)	37.9	40.9	35.8	42.2
平均規模	28.8	29.5	29.4	41.4

資料：経済産業省「工業統計表（企業統計編）」より作成。
（注）　製造業。従業者 4 人以上の事業所に関する集計。

注53)　4〜9 人規模の減少は、1〜3 人規模への規模落ちも要因とみられる。企業統計では、従業者 4 人以上の事業所に関する名寄せ集計であるため、そうした変化は不明である。そこで、事業所単位の集計でみると、1〜3 人規模も 2000 年の 248,292 事業所から、2011 年の 160,205 事業所へと大きく減少している（経済産業省「工業統計表」、総務省「平成 24 年経済センサス」）。このことから、4〜9 人規模であった企業が、1〜3 人規模へと規模を縮小させ残存しているというよりも、小零細企業の廃業が増えていると言える。

概ね上昇した一方で、20人から99人の規模層の構成比は低下した。平均規模は1963年の28.8人から1970年には29.5人へと上昇している。小規模な企業の参入が活発で、平均規模を低下させる要因が大きかったにも関わらず、既存企業の成長によって平均規模がわずかに引き上げられた。

　一方、2000年以降では、既存企業の成長というより、規模の小さな企業の退出によって平均規模が大きく引き上げられた。

（3）付加価値生産性の上昇

　上述したように、従業者数の減少と製造品出荷額等の増加から、従業者1人当たりの製造品出荷額等の増加がうかがえた。粗付加価値額についても従業者数の減少率が粗付加価値額の減少率を上回ったことから、従業者1人当たりの粗付加価値額等（付加価値生産性）は上昇した（図表8-2）。

　付加価値生産性の上昇は、資本投入の増加によるものとは言えない。従業者30人以上の企業についてみると、従業者1人当たりの有形固定資産額（資本装備率）は9.8％減となっている。規模別にみると、500〜999人、5,000人以上といった大企業での減少率が大きい。国内よりも海外へと設備投資をシフトしたことが資本装備率の低下、付加価値生産性の伸び悩みに影響を与えたと考えられる。

　付加価値生産性は、2000年から2014年に1.6％上昇しているものの、規模別にみると、200〜299人規模の0.4％増を除き、いずれの規模層においても低下している。各規模層で付加価値生産性が低下する中で、付加価値生産性の高い規模の大きな企業の構成比が高まったことによって、全規模では付加価値生産性が高まったということになる。

図表 8 - 2　付加価値生産性と資本装備率

（単位：万円、％）

	付加価値生産性			資本装備率		
	2000 年	2014 年	増加率	2000 年	2014 年	増加率
計	1,320	1,340	1.6	1,223	1,103	-9.8
4〜9 人	558	550	-1.3			
10〜19 人	717	656	-8.5			
20〜29 人	781	751	-3.8			
30〜49 人	851	822	-3.5	698	589	-15.6
50〜99 人	962	922	-4.3	748	682	-8.8
100〜199 人	1,070	1,055	-1.4	833	789	-5.2
200〜299 人	1,317	1,322	0.4	1,000	932	-6.8
300〜499 人	1,471	1,337	-9.1	1,112	1,042	-6.2
500〜999 人	1,670	1,587	-4.9	1,372	1,145	-16.6
1000 人〜4999 人	2,232	2,047	-8.3	1,886	1,743	-7.5
5000 人以上	2,678	2,573	-3.9	1,861	1,460	-21.5
（4 〜19 人）	628	610	-2.9			
（20〜299 人）*	987	975	-1.2	807	743	-7.9
（300 人以上）	2,120	1,966	-7.3	1,637	1,413	-13.7

資料：経済産業省「工業統計表（企業統計編）」より作成。

（注）　資本装備率は、有形固定資産額（年初）を従業者数で割った値。資本装備率の（20〜
　　　299 人）は、（30〜299 人）についての集計。

3.　業種別規模構造

（1）小分類でみた業種構造の変化

　第 7 章でみたように、製造業を小分類でみると、2014 年に 157 業種、
2000 年には 159 業種あった。この間に産業分類の変更が 2 度あり、小
分類ベースでの統合、分割だけでなく、小分類をまたいだ再編が実施さ
れた。このため、厳密な統合は困難であるが、概ね比較可能と考えられ
る部門について、本章では 139 業種に統合し、2 時点の製造品出荷額等、
従業者数、企業数の関係を検討する。

（2）企業数と従業者数の変化

　各業種の製造品出荷額等を市場規模と考えると、製造品出荷額等の増加は、主要な生産要素である従業者数の増加をもたらし、製造品出荷額等の縮小は、従業者数の減少につながると考えられる。このため、各業種における製造品出荷額等の増加率と従業者数の増加率には正の相関が見込まれる。

　2000～2014年についてみると、緩やかな相関関係がみられるが、原点よりも下方に傾向線が引かれている（図表8-3）。製造品出荷額の増加率を下回る従業者数増加率であり、少ない従業者で需要に対応できたことがうかがえる。

　傾向線の下に大きく外れる位置には、「その他の石油製品・石炭製品」「潤滑油・グリース製造業」など石油関連業種や「製鉄業」などの金属関連業種が散見される。これは、需要や生産の量的な増加というよりも、この期間に生じた原油や鉄鉱石などの価格上昇が影響しているとみられ

図表8-3　製造品出荷額等、従業者数の増加率

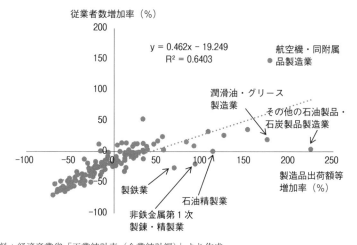

資料：経済産業省「工業統計表（企業統計編）」より作成。
（注）　2000～2014年の増加率。製造品出荷額等に秘匿値がある製氷業、飼料・有機質肥料製造業、毛皮製造業、その他のなめし革製品製造業、たばこ製造業を除く134業種が対象。

る。

　次に、各業種における従業者数の増加率と企業数の増加率との関係を
みたのが図表8-4である。ここでも従業者数の増加率と企業数の増加
率には相関関係がみられる。ただし、切片が-27.5となっていることか
ら、企業数の増加率が従業者数の増加率を28ポイントも下回ったこと
が示されている。従業者数以上に、企業数が減少した業種が多かった。

　類型別にみると、第1象限に位置する「企業数・従業者数ともに増加
した業種」数は6業種と少ない。第2象限に位置する「企業数が増加し、
従業者数が減少した業種」は存在しなかった。最も多いのは、第3象限
に位置する「企業数・従業者数ともに減少した業種」で108業種に達す
る。第4象限に位置する「企業数が減少し、従業者数は増加した業種」
数は23業種ある。

　ほとんどの業種は、企業数の増加率が従業者数の増加率を下回る45
度線より右下に位置しており、平均規模が拡大している。45度線より

図表8-4　従業者数、企業数の増加率

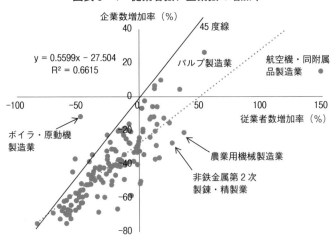

資料：経済産業省「工業統計表（企業統計編）」より作成。
（注）　2000～2014年の増加率。2000年に従業者数の秘匿値がある製氷業、たばこ製造業を除
　　く137業種が対象。

左上に位置する平均規模が縮小した業種は「ボイラ・原動機製造業」（平均規模が 161 人から 95 人へ）など 6 業種にすぎない。

（3）大企業と中小企業、小規模企業

　規模構造は、業種によって大きく異なる。「毛皮製造業」「漆器製造業」のように従業者 300 人以上の大企業が存在せず、19 人以下の小規模の企業が従業者ベースで過半を占める業種がある。その一方で、「たばこ製造業」のように従業者 300 人以上の大企業のみの業種、「製鉄業」のようにほぼ大企業のみといった業種もある。これらに対して、「パルプ製造業」「工業用革製品製造業」などは大企業が存在せず、小規模企業の割合も極めて低い一方で、中規模企業の割合が高い。

　このようにみていくと、業種によって、支配的規模が小規模、中規模、大規模と分かれていることが確認できる。では、2000 年から 2014 年へとどのように変化したのであろうか。4〜19 人規模の従業者構成比が低下した業種は 116 業種であったのに対して、それが上昇した業種は 9 業種にすぎない[注54]（図表 8 - 5）。一方、300 人以上規模の従業者構成比が

図表 8 - 5　従業者構成比が変化した業種数

（単位：業種）

	上昇	横這い	低下	算出不能	合計
4〜19 人	9	1	116	13	139
20〜299 人	46	0	41	52	139
300 人以上	54	16	22	47	139

資料：経済産業省「工業統計表（企業統計編）」より作成。
（注）　2014 年において各規模の全規模に対する従業者構成比が 2000 年と比べて上昇した業種数、横這いの業種数、低下した業種数。

[注54]　変化を従業者数で捉えるのは、生産力を反映すると考えたからである。製造品出荷額等を用いなかったのは秘匿値が多いためである。ただし、従業者数についても 2000 年には秘匿値があったため、従業者規模を 3 区分にしても算出ができない業種が多くみられた。

上昇した業種は 54 業種であり、それが低下した 22 業種を大きく上回る。なお、20〜299 人では上昇割合と低下割合が拮抗している。このように、多くの業種で規模構造が上方へとシフトした。

（4）各規模で従業者比率が上昇した業種

　2014 年において 4〜19 人規模の全規模に対する従業者構成比が 2000 年に比べて上昇した上位 3 業種は、「漆器製造業」「下着類製造業」「ブリキ缶・その他のめっき板等製品製造業」である。これらは、国内製品に対する市場規模が 3 分の 1 へと急激に縮小した業種である（図表 8 - 6）。

　「漆器製造業」は、300 人以上の企業が 2000 年時点で存在しなかった（図表 8 - 7）。200〜299 人規模は 1 者あったが、2014 年には 1 者も存在

図表 8 - 6　各規模の従業者構成比が高まった業種の概要

（単位：ポイント、%）

	4〜 19 人	20〜 299 人	300 人 以上	（参考） 出荷額増加率
小規模な企業比率が高まった業種				
漆器製造業	6.8	-6.8	0.0	-64.3
下着類製造業	6.7	-6.6	-0.1	-69.5
ブリキ缶・その他のめっき板等製品製造業	2.9	X	X	-67.4
中規模な企業比率が高まった業種				
革製手袋製造業	-34.7	34.7	0.0	-13.9
畳等生活雑貨製品製造業	-14.8	14.8	0.0	-36.6
袋物製造業	-14.2	14.2	0.0	-58.4
大規模な企業比率が高まった業種				
光学機械器具・レンズ製造業	-11.8	-20.7	32.6	-14.4
印刷関連サービス業	-11.3	-18.5	29.8	-25.3
農業用機械製造業（農業用器具を除く）	-8.1	-16.0	24.1	152.5

資料：経済産業省「工業統計表（企業統計編）」より作成。
（注）　2014 年の各規模の全規模に対する従業者構成比が、2000 年より高まった上位 3 業種の 2 時点間のポイント差。出荷額増加率は、各業種の製造品等出荷額の 2000 年から 2014 年にかけての増加率。X は秘匿値。

図表 8 - 7　規模別企業数の変化 1
(小規模企業の従業者構成比が上昇した業種)

（単位：者）

	漆器製造業		下着類製造業		ブリキ缶・その他の めっき板等製品製造業	
	2000 年	2014 年	2000 年	2014 年	2000 年	2014 年
計	752	288	1,378	432	278	176
4〜9 人	569	204	670	158	88	47
10〜19 人	107	60	251	145	64	43
20〜29 人	42	13	158	48	47	32
30〜49 人	13	5	123	34	30	22
50〜99 人	17	5	111	31	30	17
100〜199 人	3	1	49	9	11	11
200〜299 人	1		12	5	6	3
300〜499 人			2	1		
500〜999 人			1	1	1	1
1000 人〜4999 人			1			
5000 人以上					1	

資料：経済産業省「工業統計表（企業統計編）」より作成。
（注）　2014 年の小規模企業（4〜19 人）の従業者が全規模に占める構成比が 2000 年と比べて
　　　上昇した上位 3 業種。

しなくなった。100〜199 人規模も 3 者から 1 者へと減少している。そ
れ以下の規模でも軒並み企業数が減少しており、多くの企業で規模縮小
を進めたとみられる。「下着類製造業」と「ブリキ缶・その他のめっき
板等製品製造業」でも 2000 年時点での最大規模の企業がなくなり、い
ずれの規模でも企業数を減少させている。唯一の例外は、「ブリキ缶・
その他のめっき板等製品製造業」の 100〜199 人規模が 11 者のまま横ば
いとなっていることであるが、それ以上の規模を含めた 100 人以上の企
業としてみると、19 者から 15 者へと減少しており、ダウンサイジング
したことが推察される。
　次に、中規模企業（従業者 20〜299 人規模）の従業者割合が高まった
業種をみると、市場規模は、いずれも縮小しているが、小零細企業の割
合が高まった業種よりは減少幅が小さい（前掲図表 8 - 6）。これら業種

には 300 人以上の規模の企業が存在しない（図表 8 - 8）。「袋物製造業」
では、2000 年に存在した 200〜299 人規模の 1 者が 2014 年には存在し
なくなり、上限が切り下がったとも言えるが、「革製手袋製造業」「畳・
傘等生活雑貨製品製造業」では、最大規模の企業数がむしろ増加してい
る。その一方で、4〜9 人規模は、それぞれ 46 者から 8 者へ、1,777 者
から 628 者へと大きく減少している。「袋物製造業」についても、4〜9
人規模は 833 者から 221 者へと著しく減少している。市場の縮小を背景
として、小零細企業が退出する中で、中小企業の中で上位規模層への集
中が高まった業種である。

　最後に、大規模な企業の従業者割合が高まった業種では製造品出荷額
等が増加、若しくは減少率が小幅であった（前掲図表 8 - 6）[注55]。いず
れの業種においても、最大規模の上限が切り上がった（図表 8 - 9）。

図表 8 - 8　規模別企業数の変化 2
（中規模企業の従業者構成比が上昇した業種）

（単位：者）

	革製手袋製造業		畳・傘等生活雑貨製品製造業		袋物製造業	
	2000 年	2014 年	2000 年	2014 年	2000 年	2014 年
計	66	21	2,214	925	1,080	352
4〜9 人	46	8	1,777	628	833	221
10〜19 人	9	2	288	173	151	77
20〜29 人	7	7	72	58	60	26
30〜49 人	3	2	37	39	23	21
50〜99 人	1	2	26	15	11	5
100〜199 人			12	9	1	2
200〜299 人			2	3	1	

資料：経済産業省「工業統計表（企業統計編）」より作成。
（注）　2014 年の中規模企業（20〜299 人）の従業者が全規模に占める構成比が 2000 年と比べ
　　て上昇した上位 3 業種。

[注55]　第 4 位の「表面処理鋼材製造業」は 15.4％減、第 5 位の「その他の石油製品・
　　石炭製品製造業」は 224.0％増であった。

図表 8 - 9　規模別企業数の変化 3
（大規模企業の従業者構成比が上昇した業種）

（単位：者）

	光学機械器具・レンズ製造業		印刷関連サービス業		農業機械製造業（農業用器具を除く）	
	2000 年	2014 年	2000 年	2014 年	2000 年	2014 年
計	1,269	427	143	58	823	649
4～9 人	672	148	101	28	432	264
10～19 人	233	97	21	19	149	135
20～29 人	130	54	12	6	88	81
30～49 人	79	46	2		49	51
50～99 人	86	39	4	4	55	62
100～199 人	40	18	3		29	32
200～299 人	13	10			12	10
300～499 人	9	6		1	5	9
500～999 人	4	6			3	3
1000 人～4999 人	3	2			1	1
5000 人以上		1				1

資料：経済産業省「工業統計表（企業統計編）」より作成。
（注）　2014 年の大規模企業（300 人以上）の従業者が全規模に占める構成比が 2000 年と比べて上昇した上位 3 業種。

4．規模構造の変化

（1）企業規模の上限と下限

　有田（1968）は、景気の上昇期にはその上限が上昇するとしている。
　業種別規模別の企業数の分布から、企業規模の上限が上がった業種をみると、「パルプ製造業」や「農業用機械製造業（農業用器具を除く）」など従業者数が増加した業種が少なくない（図表 8 - 10）。経済が停滞していた 2000 年以降においても、一部の成長業種については、企業規模の上限が上がったことが確認できる。
　しかし、従業者数が減少した業種においても企業規模の上限が上昇したケースが多い。市場が縮小する中で残存者が、退出する小規模な生産者の市場を満たす中で規模を拡大させたり、生き残りのために合併を進

図表8-10　企業規模の上限が上昇した業種

（単位：％）

2000年	2014年	業　種	従業者増加率
50〜99人	100〜199人	その他のなめし革製品製造業	-46.3
100〜199人	200〜299人	製氷業	-15.6
		印刷関連サービス業	-28.0
		木製容器製造業（竹・とうを含む）	-49.7
200〜299人	300〜499人	パルプ製造業	53.2
		その他の石油製品・石炭製品製造業	4.4
		舗装材料製造業	-10.6
300〜499人	500〜999人	金属線製品製造業（ねじ類を除く）	-24.0
		表面処理鋼材製造業	1.2
		プラスチック成形材料製造業（廃プラスチックを含む）	-1.8
500〜999人	1000〜4999人	製本業、印刷物加工業	-32.7
		非鉄金属第2次製錬・精製業（非鉄金属合金製造業を含む）	26.8
		武器製造業	17.5
		無機化学工業製品製造業	12.4
		清涼飲料製造業	10.8
		動植物油脂製造業	8.6
		装身具・装飾品・ボタン・同関連品製造業（貴金属・宝石製を除く）	-6.5
		ボルト・ナット・リベット・小ねじ・木ねじ等製造業	-10.9
		その他の窯業・土石製品製造業	-11.5
		その他のパルプ・紙・紙加工品製造業	-15.4
		発泡・強化プラスチック製品製造業	-16.7
		その他の繊維製品製造業	-19.2
		その他の家具・装備品製造業	-22.3
		製材業、木製品製造業	-55.7
1000〜4999人	5000人以上	農業用機械製造業（農業用器具を除く）	36.4
		船舶製造・修理業、舶用機関製造業	24.5
		プラスチックフィルム・シート・床材・合成皮革製造業	16.2
		医薬品製造業	0.0
		その他の金属製品製造業	-0.4
		光学機械器具・レンズ製造業	-17.6
		平　　均	-5.8

資料：経済産業省「工業統計表（企業統計編）」より作成。

めたりして上限が上昇したと考えられる。

　一方、有田（1968）は、景気の下降期における下限の上昇についても指摘している。景気下降期に中小企業の経営困難が問題化し、小規模な企業の退出が進むことによると考えられる。

　小規模な企業の存立は、需要縮小期において困難であることは事実であるが、家族経営形態を含め低コストで存立するため、小規模企業が皆無になる業種は稀である。企業規模の下限は、4 人以上の事業所を名寄せした企業単位では、ほとんどの業種で 4～9 人である。

　本章の対象である 139 業種の中で、2014 年に下限が 4～9 人でない業種は下記の 4 業種にすぎない（図表 8 - 11）。そのうち、「製鋼・製鋼圧延業」及び、「非鉄金属第 1 次製錬・精製業」では下限規模が上昇した。一方で、「たばこ製造業」は、1 者しか存在せず、その規模が縮小したため、下限が下がった。こうした業種は特殊な事例と言える。

　企業規模の上限は、上昇した業種よりも低下した業種の方が多い。上限が低下した場合には「その他の機械・同部品製造業」を例外としてすべての業種で、従業者が減少している（図表 8 - 12）。

　2000 年時点で中小企業のみが存在した業種は、主に生活用品関連業種であり、急激な需要縮小の下で、中小企業の中でも、より小さい規模へとダウンサイズが進んだ。

　一方、5,000 人以上の巨大規模企業が存立した業種については、組立

図表 8 - 11　企業規模の下限が 4～9 人以外の業種

(単位：%)

	2000 年	2014 年	従業者増加率
製鋼・製鋼圧延業	20～29 人	50～99 人	9.5
非鉄金属第 1 次製錬・精製業	4～9 人	20～29 人	-19.8
製鉄業	10～19 人	10～19 人	-26.3
たばこ製造業	5000 人以上	1000～4999 人	―

資料：経済産業省「工業統計表（企業統計編）」より作成。

図表 8 - 12　企業規模の上限が低下した業種

（単位：%）

2000 年	2014 年	業　　種	従業者増加率
30〜49 人	10〜19 人	毛皮製造業	-83.7
100〜199 人	50〜99 人	革製履物用材料・同附属品製造業	-61.5
200〜299 人	100〜199 人	漆器製造業	-61.4
		袋物製造業	-56.2
		宗教用具製造業	-37.6
		かばん製造業	-29.3
		工業用革製品製造業（手袋を除く）	-12.1
300〜499 人	200〜299 人	貴金属製品製造業（宝石加工を含む）	-41.7
		化学肥料製造業	-8.2
500〜999 人		革製履物製造業	-56.8
1000〜4999 人	300〜499 人	コークス製造業	-54.4
	500〜999 人	下着類製造業	-70.2
		ゴム製・プラスチック製履物・同附属品製造業	-64.6
		外衣・シャツ製造業（和式を除く）	-62.9
		建具製造業	-60.1
		染色整理業	-59.4
		がん具・運動用具製造業	-43.0
		ペン・鉛筆・絵画用品・その他の事務用品製造業	-32.3
		耐火物製造業	-25.8
		造作材・合板・建築用組立材料製造業	-22.7
		製鋼を行わない鋼材製造業（表面処理鋼材を除く）	-14.2
		精穀・製粉業	-7.5
5000 人以上	1000〜4999 人	製糸業、紡績業、化学繊維・ねん糸等製造業	-65.2
		ブリキ缶・その他のめっき板等製品製造業	-52.3
		電子応用装置製造業	-58.2
		陶磁器・同関連製品製造業	-48.9
		事務用・サービス用・民生用機械器具製造業	-47.4
		紙製造業	-38.2
		楽器製造業	-37.2
		電線・ケーブル製造業	-32.0
		非鉄金属第 1 次精錬・精製業	-19.8
		ガラス・同製品製造業	-17.4
		その他の化学工業	-16.9
		計量器・測定器・分析機器・試験機・測量機械器具・理化学機械製造業	-8.2
		非鉄金属・同合金圧延業（抽伸、押出しを含む）	-2.4
		その他の機械・同部分品製造業	3.0
		たばこ製造業	―
		平　　　均	-39.1

資料：経済産業省「工業統計表（企業統計編）」より作成。
（注）　平均は、業種別従業者増加率の単純平均。たばこ製造業を除く。

型の機械工業や素材産業も多いが、これら業種では主に 1,000～4,999 人規模へと低下した。

（2）規模構造と付加価値生産性の変化

　規模別に付加価値生産性の変化を確認できる業種の中から軽工業 2 業種、化学工業 2 業種、重工業 2 業種、計 6 業種について、規模構造、及び付加価値生産性の変化をみる。

　ニット生地製造業と紙製品製造業は、製造品出荷額等、従業者数が 3 分の 2 になり、粗付加価値額と企業数は半減した（図表 8-13）。

　両業種の規模構造をみると、すべての中小規模層で従業者数が減少しているが、4～9 人層の減少が著しかったことなどから、上位の規模層の構成比が高まった（図表 8-14）。

　付加価値生産性については、ニット生地製造業では、2000 年には規模が大きくなるほど高くなる傾向にあったが、2014 年には 20～29 人で最も高くなっている。

　一方、紙製品製造業では 2000 年において 200～299 人の付加価値生産性が最も高く、2014 年においても同様である（図表 8-14）。500～999

図表 8-13　各業種における増加率

(単位：%)

	企業数	従業者数	製造品出荷額等	粗付加価値額
ニット生地製造業	-51.7	-39.5	-34.7	-49.5
紙製品製造業	-49.5	-36.1	-36.7	-47.9
化粧品・歯磨・その他の化粧用調整品製造業	6.6	12.5	-17.3	-31.6
工業用プラスチック製品製造業	-32.1	0.3	6.7	-4.0
金属素形材製品製造業	-38.2	-4.5	12.2	-3.4
金属加工機械製造業	-28.3	-1.0	28.2	16.6

資料：経済産業省「工業統計表（企業統計編）」より作成。
(注)　2000～2014 年の増加率。

図表8-14　軽工業の規模構造の変化

(単位：人、%、万円)

	ニット生地製造業						紙製品製造業					
	従業者数		構成比		付加価値生産性		従業者数		構成比		付加価値生産性	
	2000年	2014年	2000年	2014年	2000年	2014年	2000年	2014年	2000年	2014年	2000年	2014年
計	8,000	4,841	100.0	100.0	780	651	27,326	17,469	100.0	100.0	1,017	828
4〜9人	2,321	974	29.0	20.1	508	573	4,210	1,742	15.4	10.0	548	487
10〜19人	1,402	1,135	17.5	23.4	713	499	3,153	1,829	11.5	10.5	715	602
20〜29人	1,223	699	15.3	14.4	923	830	2,900	1,900	10.6	10.9	762	664
30〜49人	983	556	12.3	11.5	934	749	3,057	1,821	11.2	10.4	1,021	799
50〜99人	1,258	802	15.7	16.6	878	783	3,869	2,331	14.2	13.3	1,033	954
100〜199人	813	675	10.2	13.9	1,120	597	4,196	1,716	15.4	9.8	1,294	1,020
200〜299人							2,650	2,059	9.7	11.8	1,694	1,051
300〜499人							1,342	1,401	4.9	8.0	1,163	795
500〜999人							1,949	2,670	7.1	15.3	1,240	953

資料：経済産業省「工業統計表（企業統計編）」より作成。

人層の付加価値生産性は、50〜99人層と同程度である。両業種では、付加価値生産性でみた最適規模が中小企業に存在することになる。

　化学工業では、化粧品・歯磨・その他の化粧用調整品製造業、工業用プラスチック製品製造業は、粗付加価値額はともに減少したものの、減少幅は前述の軽工業よりは小さい（前掲図表8-13）。工業用プラスチック製品製造業では、製造品出荷額等が増加した。従業者数では、両業種とも増加したが、企業数では、化粧品・歯磨・その他の化粧用調整品製造業が増加した一方、工業用プラスチック製品製造業では減少した。

　規模構造をみると、企業数が増加した化粧品・歯磨・その他の化粧用調整品製造業は、500人以上の規模の構成比が低下する一方で、50〜499人までの規模は、構成比が上昇した（図表8-15）。付加価値生産性については、2000年には1,000〜4,999人規模が最も高かったが、2014年にかけて大きく落ち込んだため、300〜499人規模の付加価値生産性が最も高くなっている。

図表8-15　化学工業の規模構造の変化

(単位：人、%、万円)

	化粧品・歯磨・その他の化粧用調整品製造業						工業用プラスチック製品製造業					
	従業者数		構成比		付加価値生産性		従業者数		構成比		付加価値生産性	
	2000年	2014年	2000年	2014年	2000年	2014年	2000年	2014年	2000年	2014年	2000年	2014年
計	26,461	29,769	100.0	100.0	3,377	2,053	155,034	155,473	100.0	100.0	923	884
4～9人	604	496	2.3	1.7	693	772	19,368	9,104	12.5	5.9	558	495
10～19人	836	1,146	3.2	3.8	1,149	938	17,476	14,936	11.3	9.6	693	524
20～29人	1,480	1,467	5.6	4.9	1,250	886	16,513	13,500	10.7	8.7	744	643
30～49人	1,642	1,846	6.2	6.2	1,229	1,300	14,116	14,397	9.1	9.3	790	656
50～99人	3,138	4,063	11.9	13.6	3,367	1,597	25,310	23,500	16.3	15.1	852	721
100～199人	5,102	5,949	19.3	20.0	2,094	2,516	20,618	23,153	13.3	14.9	947	791
200～299人	2,238	3,151	8.5	10.6	4,018	1,467	11,706	10,859	7.6	7.0	1,060	835
300～499人	2,823	3,407	10.7	11.4	4,429	3,211	12,740	17,061	8.2	11.0	1,248	985
500～999人	2,482	2,519	9.4	8.5	3,449	2,758	8,358	10,193	5.4	6.6	1,510	1,063
1000人～4999人	6,116	5,725	23.1	19.2	5,364	2,095	8,829	18,770	5.7	12.1	1,675	1,865

資料：経済産業省「工業統計表（企業統計編）」より作成。

　これに対して、企業数が減少した工業用プラスチック製品製造業では、300人以上の規模層が従業者数の構成比を高める一方で、4～9人規模層の構成比は半減した。付加価値生産性については、規模が大きくなるほど高くなるという傾向が2000年にみられ、2014年にも変わっていない。付加価値生産性は、いずれの規模でも低下しているが、1,000～4,999人規模のみ高まっている。

　化学工業では、付加価値生産性からみた最適規模は、退出が多く企業数が減少した工業用プラスチック製品製造業では大規模上位層となっているが、参入が多く企業数が増加した化粧品・歯磨・その他の化粧用調整品製造業では、中規模上位層から大規模下位層になっている。

　重工業では、金属素形材製品製造業、金属加工機械製造業ともに製造品出荷額等は増加したが、従業者数は微減であった。企業数はともに減少した（前掲図表8-13）。

図表 8 - 16　重工業の規模構造の変化

（単位：人、％、万円）

	金属素形材製品製造業						金属加工機械製造業					
	従業者数		構成比		付加価値生産性		従業者数		構成比		付加価値生産性	
	2000年	2014年	2000年	2014年	2000年	2014年	2000年	2014年	2000年	2014年	2000年	2014年
計	93,438	89,214	100.0	100.0	948	959	149,164	147,692	100.0	100.0	1,004	1,182
4〜9人	17,377	8,020	18.6	9.0	554	523	28,944	16,878	19.4	11.4	700	660
10〜19人	13,108	10,494	14.0	11.8	711	623	18,783	18,285	12.6	12.4	818	785
20〜29人	10,794	9,154	11.6	10.3	782	670	13,119	12,302	8.8	8.3	850	844
30〜49人	9,648	10,602	10.3	11.9	890	758	13,389	14,363	9.0	9.7	901	885
50〜99人	14,044	11,829	15.0	13.3	933	761	16,966	17,950	11.4	12.2	895	921
100〜199人	8,351	11,275	8.9	12.6	970	899	14,631	18,216	9.8	12.3	942	1,046
200〜299人	4,094	3,416	4.4	3.8	1,260	1,137	7,368	5,493	4.9	3.7	1,125	1,235
300〜499人	6,106	4,280	6.5	4.8	927	1,002	6,228	9,137	4.2	6.2	1,228	1,418
500〜999人	4,377	5,300	4.7	5.9	1,499	1,006	15,539	10,962	10.4	7.4	1,342	1,429
1000人〜4999人	5,539	14,844	5.9	16.6	2,532	1,888	14,197	24,106	9.5	16.3	1,767	2,279

資料：経済産業省「工業統計表（企業統計編）」より作成。

　規模構造は、両業種ともに4〜9人規模の構成比が大幅に低下し、1,000〜4,999人規模が大幅に上昇した（図表8-16）。付加価値生産性は、概ね規模の拡大に伴い上昇しており、最も高いのは最大規模の1,000〜4,999人規模層である。付加価値生産性からみた最適規模は、大規模上位層にあり、その度合いが強まった。

5. 小括

　2000年以降、製造業に対する需要が低迷する中で、企業数は大きく減少した。

　軽工業においては、生産規模が縮小する中で、4〜9人規模の企業数の減少が著しく、退出を余儀なくされた企業が多かったと言える。その一方で、付加価値生産性からみた最適規模は、存立する規模ゾーンの最大規模ではなく、中間規模になっている。また、企業規模の上限が低下

した業種も多かったことから、市場縮小の中でダウンサイジングすることで生き延びる企業群が少なくないこともみてとれた。軽工業では、規模の拡大が存立を容易にすると言えなくなっている。

　化学工業では、生産規模の縮小は軽工業ほどではなかった。企業規模の上限が上昇した業種も少なくなかった。そうしたことから、大企業上位層の構成比が高まった業種がみられる一方で、中小企業上位層から大企業下位層にかけての規模層の構成比が高まり、付加価値生産性の観点からも同規模が最適規模とみられるような業種もあった。

　重工業については、企業規模の上限が上昇した業種と低下した業種がともにみられたが、概ね、大規模上位層の構成比が高まり、付加価値生産性の観点からも大企業上位層の優位が続いた。

　わが国製造業における需要規模が縮小していく中で、小規模企業が退出していった。そうした中で相対的に大企業上位層が地位を高めていった業種や、大企業上位層が残存者として生産を増加させていった業種がある。その反面、需要の急激な縮小の下で、大規模上位層さえもダウンサイジングを迫られ、規模構造が下方にシフトしていった業種もみられる。需要縮小への対応が多様な形で進展したと考えられる。

第Ⅲ部

規模間格差の
影響と政策

第9章 規模別賃金格差に関する考察

近年、世界的に貧富の格差が拡大していると言われる。1970年代から普及し始めた新自由主義の思想が1980年代以降に英米を中心として税政等に反映されるとともに、グローバル化が進展し貧富の差を拡大させたと考えられる。このため、低所得の労働者階級の不満の政治的な発露がグローバル経済にとって波乱要因となっている。

200年以上に及ぶ税等の統計の分析により経済的格差の状況を明らかにしてブームとなったのが、ピケティの『21世紀の資本』である（Piketty（2013））。それによると、歴史的にみて、資本収益率（r）は5%程度で、経済成長率（g）の1〜1.5%程度を上回る。このため、経済成長率に準じた伸び率しか期待できない雇用者所得に依存する労働者は、資本を保有し財産所得を得ることができる資本家との間で所得格差が拡大する。格差を是正するには、税制による再分配機能を高めることが必要との主張である。

雇用者所得は、企業活動によって生じる付加価値が労働者に分配された結果である。付加価値がどの程度伸びるか、それがどれだけ労働者に配分されるかが重要な問題である。本章では、そうした観点で1960年代以降の賃金等の動向を検討する。

1. 賃金格差の推移と要因

（1）賃金、付加価値生産性の推移

　財務省「法人企業統計」から、製造業における従業者1人当りの賃金をみると、1990年代半ばまで右肩上がりに増加してきたが、その後、横ばいで推移している。

　従業者1人当りの賃金は、付加価値生産性と、生み出された付加価値が労働者に分配された割合（労働分配率）の積として現すことができる。

　　従業者1人当りの賃金＝付加価値生産性×労働分配率

　そこで付加価値生産性と労働分配率の推移をみると、付加価値生産性については1990年頃から伸びが鈍化したが、一進一退を繰り返しながら2007年まで増加した（図表9-1）。リーマン・ショックが生じた2008年度に大きく落ち込むものの、その後、回復傾向にある。

図表9-1　賃金、付加価値生産性、労働分配率の推移

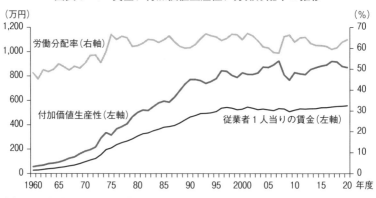

資料：財務省「法人企業統計（年次別調査）」
（注）　製造業。労働分配率＝人件費／粗付加価値
　　　　従業者1人当たりの賃金＝人件費／従業者数
　　　　人件費＝役員給与＋役員賞与＋従業員給与＋従業員賞与＋福利厚生費
　　　　いずれも当期末で、従業員賞与は2007年度までは従業員給与に含む。

　賃金の上昇は、概ね付加価値生産性の伸びに依存するが、2000年代以降は、付加価値生産性の上昇にも関らず、賃金は頭打ちとなった。リーマン・ショックで付加価値生産性が落ち込んだ時には賃金の減少幅は小さかったものの、リーマン・ショック以降は、付加価値生産性の回復の恩恵も少なかった。付加価値生産性と賃金の動きの乖離は、労働分配率の変動となって現れる。

(2) 労働分配率の動き

　労働分配率は、1960年代は50％程度であったが、70年代に上昇に転じた。第1次石油危機以降に急上昇し、その後60％台半ばで推移した。

　製造業の労働分配率は景気変動に敏感に反応する（西村・井上、1994）。労働分配率は、景気回復期に低下し、景気後退期に上昇するというサイクルを描いている。近年においては、2000年代の輸出主導の景気回復の下で低下し、2006年度、2007年度と60％を切ったが、リーマン・ショックのあった2008年度に上昇した。2010年度以降は再び低下傾向を示したが、2018年度以降は、再び上昇している。米中貿易摩擦、新型コロナウイルス感染症などによる景気後退を背景としている。

　労働分配率の変化を検討するために、付加価値が人件費以外の何に分配されてきたかをみたのが図表9-2である。これをみると、1960年代から70年代前半にかけては、労働分配率の上昇（＝労働以外への粗付加価値の分配率の低下）は、営業純益の低下とともに生じている。高度成長期には、それ以前の相対的過剰人口の下で低く抑えられていた人件費が、人手不足の下で上昇し始め、営業純益を圧迫したことが推測される。

　営業純益は、その後、低い割合で推移したが、90年代半ばから上昇傾向となっており、リーマン・ショックで一時的に落ち込んだ後には急ピッチで回復した。

　1990年代後半から2007年度までの営業利益率の回復は、デフレ経済下での金利低下と、企業が債務を圧縮し、借入を縮小したことが一因で

図表 9 - 2　労働以外への粗付加価値の分配率の推移

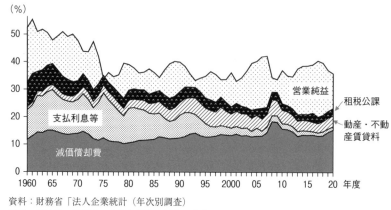

資料：財務省「法人企業統計」(年次別調査)
(注)　製造業。各費目の粗付加価値に対する比率。

ある。80 年代以降徐々に進行した支払金利等の割合の低下がバブル経済期の一時的な上昇を除き継続し、90 年代半ば以降は極めて低い割合で推移している。

　営業利益率の増加のもう一つの源泉は、労働分配率の低下である。労働分配率を圧縮したことにより、営業純益が拡大している。2000 年代以降、企業利益が増加基調である一方で、労働者への分配は減っているのである。

2.　規模別賃金格差の理論

　このように、前述の資本収益率と経済成長率との関係には、資本と労働という生産要素間の分配の問題が存在する。小さくなってきた経済成長の成果の多くが企業利益に帰属することは、資本を持つ者と持たざる者との経済格差拡大の要因となり得るものである。

　それに加えて、労働者所得自体においても様々な格差がある。そうした格差には、正規雇用と非正規雇用との賃金格差や学歴間、男女間の賃金格差などがある[注56]。中小企業という視点からは、企業規模別賃金格

差が問題となる[注57]。

（1）規模別賃金格差についての先行研究

　企業規模別賃金格差については、農村を中心に相対的過剰人口の下で、低賃金でも働かざるを得ない労働者が多く存在したことが、中小企業による低賃金労働力の利用を可能にし、存立基盤となったという捉え方がある。「中小企業の存在は低賃金労働がいっさいの基礎である（伊東・加藤、1960、p.252）」との捉え方である。

　こうした考え方に関して、小池（1972）は、過剰労働力説のみでは、なぜ大企業が、ありあまる労働供給のもとで、わざわざ中小企業よりはるかに高い賃金を払うのかを説明できていないので不十分と考え、企業規模別賃金格差についてのさまざまな仮説を提示している。

（2）需給状況依存説

　まず、需給状況依存説は、労働市場がゆるいときには、雇用機会が乏しく、低い賃金のため、移動を狙っている労働者も、なかなか移動できない。その結果格差が拡大するというものである。

　小池（2005）では、賃金格差は好況期には縮小し不況期には拡大すると説くが、労働需要の構造に着目した点に特色がある。すなわち、好況期、人をふやすとき序列最下位のやさしい仕事に外から採用し、むつかしい仕事へはその仕事群の序列ですぐ下の仕事からあげていく。外部市場とのつながりはもっぱら序列の下の仕事に集中し、その賃金がとりわけ上昇する。その結果、賃金格差は縮小すると説明される。

（3）支払能力説

　支払能力説は、生産性に差があれば、支払能力に差が生じ、賃金格差

注56）多様な所得・資産格差の動きについては、大竹（1994）を参照。
注57）中小企業問題の「問題」たるゆえんは規模別、とりわけ大企業と比べた場合の「格差」問題にある（佐藤、1997、p.15）。

が生じやすいと考えるものである。このような見方は、支払能力の差が生じた要因に着目し、生産性説とも呼ばれる[注58]。また、労働者が効率的に働くように企業が賃金水準を他企業より相対的に高く設定するという観点からは、労働力の質の差に着目する説とともに、効率賃金仮説に含まれる（高田、2012）。

　こうした考えについては、支払能力があったとしても、大企業がなぜわざわざかなり高い賃金を支払うのかという点について、きわめて不十分であると評価されている。

（4）企業への貢献説

　企業への貢献説は、高い賃金を払っても、なお大企業はペイするという見方である。労働者の定着を高めたり、企業への忠誠心を高めたり、ストライキを防止したりする効果に着目するものである。この見方については、企業への忠誠心やストライキの問題は労働組合の強さによるが、わが国の労働組合がきわめて強力だという想定を支持する根拠に乏しいとし、さらに労働移動防止コストの大きさは、いったん離職されると代わりを見付けがたいかという点にかかわり、労働力の質にかかわるとみている。

（5）労働力の質の差説

　労働力の質の差は、規模別に労働力の質が異なるので賃金も異なるとの考えである。

　小池は、大企業でも季節工、社外工、下請、臨時というかたちで、中小企業労働者とかわりない賃金が支払われ、本工とホワイトカラーだけがより高い賃金が支払われていることに着目する。本工とホワイトカラーは、かなり広い範囲の職務を遍歴する職務昇進制のもとにあり、他のグループとはちがった労働力の質を形成していると考え、この仮説を

[注58）　その生産性格差を生じさせたのは大企業への資本集中が要因との見方を強調する場合には、資本集中仮説と呼ばれる。

支持している[注59]。

(6) 労働力の質と格差

　労働力の質についての経験的研究が乏しいことが問題とされたことから、その後、労働力の質という観点を中心とした賃金格差について、様々な実証研究が行われた。経済理論に基づく仮説により、企業規模による労働者の年齢、勤続年数、学歴をはじめとする属性の違いがどれだけ賃金格差に影響を与えているかを計測するものである。

　近年における代表的な研究成果としては、深尾他（2014）がある。賃金格差と生産性格差の関係についての理論的な考察に基づき 1975、80、90、2000、2010 年の実証分析を行い、平均では、労働生産性規模別格差のうち 65％を資本労働比率の格差が生み出し、TFP 格差の寄与は 25％、労働の質の格差が 10％と計測している。しかしながら、「本来、資本労働比率の規模別格差や TFP の規模別格差の多くは、労働分配率の規模別格差によって相殺される筋合いにあるのに、ほとんどの産業で十分な相殺が起きていない（p.24）」としており、その理由について「大企業と中小企業間の労働者の観察されない能力の格差（観察されない人的資本蓄積格差の寄与を含む）が、観察される労働属性の情報から推計できる労働の質格差を大きく上回って存在する可能性（p.27）」を仮説として提起している[注60]。

　こうした研究成果は、「生産要素としての労働の質が高ければ、その対価として高い賃金を得る」というもので、さらに進んで、「高い賃金

注59）　中小企業の労働者構成に関連し、中年層での格差の縮小について、中小企業で、大企業に匹敵する高い技能をもつ「基幹層」が 1980 年代以降しだいにその割合をまし、それが規模別格差を少なくしたとの仮説を提示している（小池、2005、pp.176）。

注60）　規模別賃金格差の能力差説について、玄田（1996）は、大企業と小企業の間で賃金格差が生じるのは労働者の資の違いによるのか、それとも職場訓練の違いによるのかを数量分析し、製造業の規模別賃金差について、資質の影響が職場訓練の影響を上回る場合はほとんどないとした。

を得ていれば労働の質が高いはず」と考える。実際に学歴や勤続年数といった容易に数値化できる属性で、労働の質の違いが決まるものではなく、観察されない属性が労働の質の違いをもたらしており、それに対する対価が支払われている可能性はある。

　しかしながら、同じ労働の質でも就職先が大企業か中小企業かで賃金が異なるということが生じる。奥井（2000）は、男女別のパネルデータによる実証分析から、女性では規模別賃金格差のほとんどが労働者の観察されない能力により説明できるが、男性では労働者の能力差による賃金プレミアムは観察されず、規模別賃金格差の少なくとも半分以上が純粋な規模別格差があることにより説明できるとした。

　「純粋な規模別格差」があるのであれば、それを説明する枠組みが必要である。

（7）二重労働市場仮説

　二重労働市場仮説は、労働市場は部分市場に分割されており、それが賃金格差の一要因と考えるものであり、規模別格差を考える上で有意義である。労働市場において労働力がすべて等質であり、完全雇用が成立するとして、労働市場が単一であれば、賃金は、労働者の限界生産力に等しい一定の水準に決まる。しかし、労働市場が大企業・中小企業の2つに分割され、大企業において終身雇用制、年功賃金制、労働組合の圧力などの制度的理由から、その賃金が高い水準に定められると、その雇用量が減少する。その一方で、中小企業は大企業に雇用されなくなった労働力を雇用するために、その限界生産力が単一労働市場よりも低い水準、すなわち低賃金で雇用するために賃金格差が生じるという説明である（中村、1993、pp.310-311）。

　「大工場から小工場へ」の方が、「小工場から大工場へ」よりは労働移動が大きいという事実があり、高田（2012）は、日本における企業規模別平均賃金格差の背景には、二重労働市場仮説が一定の説得力を持ちうると考えている（p.150）。

　二重労働市場仮説は、規模別で賃金格差が存在すること自体ににについて説明する有力な仮説であるが、格差の拡大や縮小要因を充分説明していない。労働市場が分割されているとして、それぞれの市場で生じた変化と格差の変動、さらに、分割された労働市場間の関係についての分析が必要である。

　そこで、規模別の賃金格差の推移をみた上で、その要因について考察する。

3.　規模別賃金格差の推移

（1）規模別賃金格差

　1人当り賃金格差は、高度経済成長期には縮小傾向にあった。しかし、格差は、1970年代半ば以降には長期的な拡大傾向となった。太田（2010）は、「賃金構造基本統計調査」の分析から、特に、1990年代半ば以降、10年間程度の間、格差が拡大したとしている（p.347）[注61]。

　「法人企業統計」によって、資本金10億円以上の企業における従業者1人当りの人件費を100とする指数についてみたのが図表9-3である。資本金10億円以上の企業とそれ以外の企業との賃金格差は、1960年代にはやや縮小した。しかし、1970年前後をピークとして、指数はバブル経済期の1990年前後まで緩やかな拡大傾向にあった。格差は、バブル崩壊後の1993年度前後から2003年度まで急激に拡大し、その後は、横ばいで推移している。

　従業者1人当りの人件費の増加率は、労働分配率の変化率と付加価値生産性の増加率の積で表される。従業者1人当りの人件費指数の規模間格差が緩やかに拡大した1970年度から1990年度、格差が急激に拡大した1993年度前後から2003年度、そして格差が固定化した2003年度か

[注61）　ただし、男性で格差が拡大し、女性ではむしろ縮小したとする（太田、2010、p.348）。女性は、規模別格差の小さい非正規雇用者のウエイトが大企業のほうが中小企業よりも高まるテンポが速かったため、雇用者全体で見た規模別格差を縮小させたとみている。

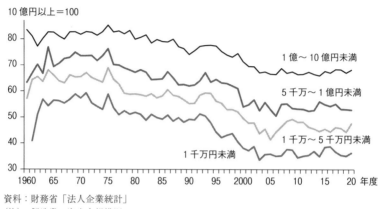

図表9-3　従業者1人当りの人件費指数の推移

資料：財務省「法人企業統計」
（注）　製造業。資本金規模別。

ら2020年度までについて、労働分配率の変化によるものか付加価値生産性の変化によるものかをみておこう。

（2）1970年度から90年度における賃金格差

　まず、規模別賃金格差が緩やかに拡大した1970年度から1990年度までの20年間についてみると、資本金規模10億円以上の企業における従業者1人当たりの人件費（平均賃金）は、5.2倍になった（図表9-4）。一方、同10億円未満の企業では4.4倍から4.7倍であり、格差が拡大したことが確認できる。

　付加価値生産性は、いずれの規模層においても大幅に高まり、平均賃金の上昇は付加価値生産性の増加に伴うものであったと言える。資本金10億円以上の企業も4.2倍と上昇したが、全規模と比べて特に高い訳ではない。

　労働分配率についても、いずれの規模でも高まった。経済成長に伴い労働需要が高まる一方で、資本が蓄積されたことにより、資本に対して労働が希少な生産要素となった結果と考えられる。労働分配率は、規模が大きくなるほど低いという逆格差がみられる。とりわけ、資本金10

図表9‐4 賃金格差の変化要因（1970～1990年度）

（単位：万円、％、倍、ポイント）

		1人当り賃金	付加価値生産性	労働分配率	粗付加価値に占める割合				
					支払利息等	動産・不動産賃借料	租税公課	減価償却費	営業純益
全規模	1970年度	97	184	52.8	12.3	2.3	4.4	14.0	14.7
	1990年度	465	771	60.3	8.3	4.6	3.9	12.4	10.7
	倍率／差	*4.80*	*4.20*	7.5	-4.1	2.3	-0.5	-1.6	-4.0
10億円以上	1970年度	130	306	42.5	15.4	2.0	5.9	17.6	16.8
	1990年度	677	1285	52.6	8.0	4.1	4.6	16.0	14.8
	倍率／差	*5.20*	*4.20*	10.1	-7.4	2.1	-1.3	-1.5	-2.0
1億～10億円未満	1970年度	106	196	54.3	12.2	2.0	4.0	13.5	14.4
	1990年度	502	841	59.6	8.7	5.0	3.3	12.5	11.2
	倍率／差	*4.71*	*4.29*	5.4	-3.5	3.0	-0.7	-1.0	-3.2
5千万～1億円未満	1970年度	96	166	57.8	11.2	1.9	3.0	11.9	14.9
	1990年度	420	685	61.2	9.6	5.7	3.1	9.8	11.1
	倍率／差	*4.38*	*4.14*	3.4	-1.6	3.8	0.1	-2.0	-3.8
1千万～5千万未満	1970年度	85	143	59.7	10.2	2.0	3.3	11.2	14.5
	1990年度	374	558	67.0	9.6	4.7	3.6	8.5	7.1
	倍率／差	*4.39*	*3.91*	7.4	-0.6	2.7	0.2	-2.7	-7.4
1千万円未満	1970年度	75	111	67.4	7.7	3.4	2.6	9.0	10.8
	1990年度	333	443	75.2	6.6	5.3	3.1	7.3	2.7
	倍率／差	*4.47*	*4.00*	7.8	-1.1	1.9	0.5	-1.7	-8.1

資料：財務省「法人企業統計」
（注） 倍率＝1990年度値／1970年度値。差＝1990年度値－1970年度値

　億円以上の企業の労働分配率は1970年度には42.5％と低かったが、1990年度には52.6％になり、10.1ポイント高まった。同10億円未満でも上昇したが、3.4～7.8ポイント増に留まり、増加幅は相対的に小さかった[注62]。平均賃金の規模間格差が1970年度から1990年度にかけて上昇した要因は、労働分配率の逆格差が縮小したことである。

　労働分配率は、粗付加価値に対する人件費の比率であり、その変動は他の項目における粗付加価値に対する比率の変動を伴う。企業活動の目的である利潤獲得という観点で、営業純益についてみると、資本金10億円以上の企業では労働分配率が高まったにも関わらず、営業純益は2

ポイントの低下に留まった。一方で、労働分配率の増加幅が小さかった同 10 億円未満の企業の方が、営業純益の比率が大きく低下した。

　1970 年代、80 年代において、営業純益の低下幅は、規模が小さくなるほど大きかったのである。その要因としては、支払利息等の低下幅が資本金 10 億円以上の企業で 7.4 ポイントと大きかったことが、労働分配率の上昇にも関わらず営業純益の低下を抑制できた最も大きな要因である。多くの資本を用いる巨大企業にとって、金利低下の恩恵が大きかった。

（3）1993 年度から 2003 年度における賃金格差

　次に、規模別賃金格差が急激に拡大した 1993 年度から 2003 年度については、資本金 10 億円以上の企業では、平均賃金が 1.23 倍になったのに対して、同 1 億円未満の企業では減少した（図表 9 - 5）。

　労働分配率は、資本金 1 千万～5 千万円未満の企業を除いて低下したが、特に、資本金 10 億円以上の企業で 3.6 ポイントと低下幅が大きかった。

　この期間における平均賃金の規模間格差の拡大は、労働分配率の変化によるものではなく、付加価値生産性の増加度合いの差である。この期間、資本金 10 億円以上の企業では付加価値生産性が 1.31 倍になったのに対して、資本金 1 億～10 億円未満の企業では 1.09 倍に留まり、資本金 1 億円未満の企業では付加価値生産性が低下した。平均賃金格差の拡大の要因は、中小企業、とりわけ中下位層で、付加価値生産性が低迷し、支払い能力が低下したことが原因である。

注62) 岡室（1996）では、企業規模間の賃金格差と生産性格差の「ずれ」に着目し、単位労働コストを吟味した上で、「70 年代半ば以降規模間の生産性格差が顕著に拡大したにも関わらず賃金格差が（とくに小規模層に関して）ほとんど変化していないということであり、その背後には、人手不足が続く中で労働力確保のために中小企業が大企業と同程度の賃金引上げを余儀なくされたという事情があると推定される（pp.202-203）」としており、昨今の人手不足下での状況下と類似した状況であることが示される。

図表 9-5　賃金格差の変化要因（1993～2003 年度）

（単位：万円、%、倍、ポイント）

| | | 1人当り賃金 | 付加価値生産性 | 労働分配率 | 粗付加価値に占める割合 | | | | |
					支払利息等	動産・不動産賃借料	租税公課	減価償却費	営業純益
全規模	1993 年度	495	740	66.9	6.9	6.0	3.8	14.2	2.5
	2003 年度	525	825	63.6	2.7	5.2	2.3	13.4	13.1
	倍率／差	1.06	1.12	-3.3	-4.1	-0.9	-1.4	-0.8	10.6
10 億円以上	1993 年度	693	1171	59.1	6.6	5.8	4.3	19.1	5.2
	2003 年度	855	1539	55.5	2.7	4.7	2.0	16.1	19.3
	倍率／差	1.23	1.31	-3.6	-3.9	-1.1	-2.3	-3.0	14.1
1 億～10 億円未満	1993 年度	537	822	65.4	6.3	6.8	3.1	13.9	4.7
	2003 年度	573	899	63.8	2.0	6.1	2.4	12.6	13.9
	倍率／差	1.07	1.09	-1.6	-4.3	-0.8	-0.7	-1.3	9.1
5 千万～1 億円未満	1993 年度	465	685	67.8	7.5	5.8	3.6	11.0	4.7
	2003 年度	450	672	66.9	2.8	5.1	2.2	15.6	7.7
	倍率／差	0.97	0.98	-0.9	-4.7	-0.7	-1.4	4.5	3.0
1 千万～5 千万未満	1993 年度	411	556	73.9	7.9	5.5	3.5	9.5	0.1
	2003 年度	373	489	76.4	3.5	5.4	2.8	8.6	3.7
	倍率／差	0.91	0.88	2.5	-4.4	-0.1	-0.7	-0.9	3.6
1 千万円未満	1993 年度	350	424	82.5	6.3	6.8	3.1	7.1	-5.7
	2003 年度	288	356	80.7	2.3	6.4	3.7	6.6	0.5
	倍率／差	0.82	0.84	-1.8	-4.0	-0.4	0.6	-0.6	6.2

資料：財務省「法人企業統計」
（注）　倍率＝2003 年度値／1993 年度値。差＝2003 年度値－1993 年度

　営業純益をみると、1993 年度から 2003 年度には、いずれの規模でも改善したが、特に、資本金 10 億円以上の企業では 14.1 ポイントの大幅な改善となった。この期間についても金利低下の恩恵がみられ、いずれの規模においても 4 ポイント程度の寄与であった。2000 年以降における低金利が収益改善に恩恵を及ぼしていることがわかる。また、資本金 10 億円以上の企業では減価償却費が 3 ポイント低下しており、他の規模と比べて営業純益の改善における効果が大きかった。バブル経済崩壊後に過剰になった資産を削減したことが寄与しているとみられる。

（4）2003 年度から 2020 年度における賃金格差

　最後に、規模別賃金格差が固定化した 2003 年度から 2020 年度にかけての変化をみると、資本金 5 千万円以上の企業における 2020 年度の平均賃金は、2003 年度とほぼ同じか、若干少ない（図表 9‑6）。2020 年度は、前年度の末に生じた新型コロナウイルス感染症の影響で減少したことが影響しているとみられる。

　この期間には、平均賃金でみる大企業・中小企業上位層と中小企業中下位層との規模間格差は若干縮小した。これは、資本金 5 千万円未満の企業の平均賃金が上昇したことによるものである。詳しくみると、資本

図表 9‑6　賃金格差の変化要因（2003～2020 年度）

（単位：万円、％、倍、ポイント）

		1 人当り賃金	付加価値生産性	労働分配率	粗付加価値に占める割合				
					支払利息等	動産・不動産賃借料	租税公課	減価償却費	営業純益
全規模	2003 年度	525	825	63.6	2.7	5.2	2.3	13.4	13.1
	2020 年度	558	870	64.1	1.3	4.0	2.6	15.4	12.6
	倍率／差	*1.06*	*1.05*	0.5	−1.5	−1.2	0.3	2.0	−0.5
10 億円以上	2003 年度	855	1539	55.5	2.7	4.7	2.0	16.1	19.3
	2020 年度	836	1431	58.4	1.3	3.2	2.7	18.0	16.4
	倍率／差	*0.98*	*0.93*	2.9	−1.4	−1.5	0.7	1.9	−2.9
1 億～10 億円未満	2003 年度	573	899	63.8	2.0	6.1	2.4	12.6	13.9
	2020 年度	570	950	60.0	1.1	4.6	2.2	14.4	17.8
	倍率／差	*0.99*	*1.06*	−3.8	−1.0	−1.5	−0.2	1.8	4.0
5 千万～1 億円未満	2003 年度	450	672	66.9	2.8	5.1	2.2	15.6	7.7
	2020 年度	442	654	67.5	1.1	5.3	2.1	13.7	10.3
	倍率／差	*0.98*	*0.97*	0.6	−1.7	0.3	−0.1	−1.9	2.6
1 千万～5 千万未満	2003 年度	373	489	76.4	3.5	5.4	2.8	8.6	3.7
	2020 年度	398	513	77.5	1.6	4.9	2.7	11.2	2.0
	倍率／差	*1.07*	*1.05*	1.1	−1.8	−0.5	−0.1	2.6	−1.7
1 千万円未満	2003 年度	288	356	80.7	2.3	6.4	3.7	6.6	0.5
	2020 年度	303	344	88.2	1.5	5.0	4.3	7.8	−6.8
	倍率／差	*1.05*	*0.97*	7.5	−0.8	−1.4	0.6	1.2	−7.2

資料：財務省「法人企業統計」
（注）　倍率＝2020 年度値／2003 年度値。差＝2020 年度値−2003 年度値

金1千万〜5千万円未満の企業では付加価値生産性上昇により、平均賃金を引き上げられたのに対して、資本金1千万未満の企業では付加価値生産性が低下する中で労働分配率を引き上げることによって平均賃金が上がった。中小企業下位層の賃金は、水準自体が低く、コロナ禍でも引き下げ余地が乏しかったこと、さらに、最低賃金引上げで一部の企業では収益状況と関係なく、賃金を引き上げることを余儀なくされていることも影響しているとみられる。

　労働分配率のポイント差でみると、資本金1千万円未満の企業における労働分配率の上昇が際立っている。その結果が営業純益の大幅な低下につながっている。

4. 小括

　企業規模別にみると、従業者1人当りの賃金の格差は1970年代、80年代と緩やかに拡大した。それは、主に付加価値生産性格差の拡大に伴うものである。

　1990年代は、巨大企業は労働分配率を引き下げ、賃金の伸びを抑制したが、中小企業ではそうした余地に乏しく、労働分配率の逆格差が拡大したものの、規模別賃金格差の拡大を加速させた。

　規模別賃金格差は、2000年代以降は固定化している。これは、付加価値生産性と労働分配率の規模別格差に大きな変化がなかったからである。ただし、中小企業下位層では、付加価値生産性が上昇しなかったにも関わらず、賃金の引き上げを余儀なくされたため、労働分配率が大幅に上昇した。それによって、零細企業を中心とした転廃業を加速することになっている。

第10章

中小企業政策と中小企業内格差

中小企業問題は、大企業との比較の上で格差があるとの認識から生じる。そのため、格差の原因を究明し、格差改善のために対策を講じることが必要である。いわゆる二重構造論では、大企業を頂点とする近代的部門と農業、小企業等の前近代的な部門に分かれていることが問題とされた。それは、付加価値生産性格差に現われ、その要因には資本集約度格差があると考えられた。中小企業政策は、中小企業問題の根底に資本の不足があると捉え、それを補うことによって中小企業を「近代化」することに一定の成果を挙げた。

しかし、中小企業の一部が「近代化」する一方で、それに取り残される企業も存在する。「近代化」する企業は企業規模が相対的に大きい企業が多いので、中小企業内の規模間格差拡大の一因となったとみられる。

本章では、中小企業政策と規模間格差との関係について考察する。

1. 中小企業政策の必要性

中小企業政策は、規模という切り口での支援であるが、中小企業に対して特別な保護育成策をすべきではないという考え方がある。有田（1997）は、「中小企業が大企業と比較してもし能率が劣るならば、これを保護することは不能率を温存することになり、それだけ国民経済に負担をかけることになる（p.3)」という見方を紹介している。

　三輪（2010）は、中小企業支援の主な政策である「信用保証制度」について、「資源配分の効率性（有限資源の有効利用）を評価基準とする標準的な経済分析に基づけば、『信用保証制度』は不要であり、大規模に実行されている『信用保証制度』と呼ばれる一連の政策は、資源配分の歪みを発生・深刻化させ、存在する歪みの是正メカニズムの作動を遅らせる弊害を追加的に発生させるから、望ましくない（p.84）」と述べている。

　小企業の生産性が低いならば、淘汰されることはやむを得ない、そうした企業が廃業することにより有効に活用されていなかった生産要素が放出されるなら、それを活用することにより、生産性の高い企業が一層成長していくことができ、むしろ望ましいとの考えである。

　昨今では、2020年10月から開催された政府の成長戦略会議の有識者の一人であるデービッド・アトキンソン氏が、日本の生産性が低迷している原因を労働者が大企業や中堅企業に集約されていないことと捉えている。イノベーションを起こせない大多数の中小企業について、「無駄にたくさんの人を雇うので、現在のような労働生産性の向上が求められる時代では、特に小規模事業者は邪魔な存在でしかない（アトキンソン、2020、p.148）」と述べている[注63]。

　このような考え方は、低パフォーマンス企業（ゾンビ企業）に追い貸

[注63]　アトキンソンにおける中小企業数が激増したことがわが国における生産性低迷の原因とする見解に対しては、港（2021）が批判的検討を加えている。すなわち、「日本で中小企業が増加した期間と生産性が低迷した期間とはほとんど一致していない（p.8）」ことや、「中小企業数の増加は生産性上昇に対して正の相関がある（p.10）」ことを挙げたうえで、日本の「90年代以降の生産性低迷は、技術進歩率の停滞と情報技術革新によって既存産業の付加価値額が減少し、その減少分を補うほどのIT関連の新興企業の発展が見られなかったこと（p.16）」にあるとしている。渡辺（2021）も、「過去の中小企業政策を振り返ってみれば、企業統合や個別企業の資本蓄積による生産規模の拡大は格差解消には結びつかなった」と述べるなど、アトキンソン氏の見解に対して否定的である。黒瀬（2021）も、日本の1人当りGDP伸び率の低下を中小企業の多さによるとの見方に否定的である。

しや低利融資を行い、これが健全な企業の成長を妨げ、産業の新陳代謝
機能を低下させ、産業レベルの TFP 上昇を減速させるのではないかと
いう主張、いわゆる「ゾンビ仮説」を想起させる[注64]。

2. 中小企業の存在意義

　企業に生じた様々な問題が、企業規模に基づく中小企業特有の問題で
あり、かつ、中小企業が存在することに独自の意義があると認識されて
はじめて、中小企業政策が講じられる。有田（1997）の枠組みを参考に、
中小企業の存在意義を考える。

(1) 独占に対する対抗力

　中小企業政策が、中小企業の保護育成政策だとしても、それは必ずし
も社会政策的観点のみで実施されるという訳ではない。戦後の中小企業
政策の始まりは、生産者保護というよりも、消費者保護という観点から
根拠づけられたからである。競争により生産性が高い企業へと集中が進
んだ後に独占価格が行使される恐れがあり、その対抗力として中小企業
を位置づける考え方である。「中小企業は資源の最適配分を実現する競
争秩序を維持するために、独占に対する拮抗力として不可欠の役割を果
たすものとして、これを育成しようとする反独占的な政策理念（有田、
1997、pp.2-3)」である。

　大企業による優越的な地位の乱用を禁止し、規模が小さいことによる
不利を是正し、中小企業が存続する条件を整えることにより、独占企業
への対抗力となり、経済民主主義に資すると期待される。戦後改革にお
ける反独占政策による経済民主化の一環として中小企業を育成するとい
う考え方であり、中小企業政策は「産業組織政策的な政策理念に立って
いた（有田、1997、p.200)」と評価される。1948 年制定の中小企業庁設
置法の目的をみると、「この法律は、健全な独立の中小企業が、国民経

[注64] 深尾（2012）は、「ゾンビ問題が日本の低い新陳代謝機能問題の主因だとは考え
にくい（p.105)」としている。

済を健全にし、及び発達させ、経済力の集中を防止し、且つ、企業を営もうとする者に対し、公平な事業活動の機会を確保するものであるのに鑑み、中小企業を育成し、及び発展させ、且つ、その経営を向上させるに足る諸条件を確立することを目的とする」とされる。「経済力集中」の防止という理念が戦後の中小企業政策の根幹にあったことがわかる[注65]。

（2）国際競争力の向上

しかし、高度経済成長期に入ると、政策理念は「産業構造政策的な適応助成策を中心としたものに転換を遂げる（有田、1997、p.200）」。

有田（1997）は「戦後、金融対策、組織化対策、経営指導対策を3本の柱として独占禁止政策の立場から始まった中小企業政策が、中小企業基本法の成立後、中小企業近代化促進法を中心に構造高度化政策が推進されるようになり、金融・組織化・経営指導の諸対策はそのための政策手段に転じ、産業政策との一体化を深めていった（p.217）」と述べている。

有田（1997）は、中小企業庁の『中小企業施策のあらまし』の変化を追うことにより、中小企業政策は、1986年度までは概ね中小企業基本法の政策体系に忠実に従って、中小企業の近代化・高度化による適応助成政策と、事業活動の不利を是正する不利是正政策を2本の柱としていたが、1987年度から重点施策を中心に体系図が編成されるようになり、「事業活動の不利の補正」が大項目としては消滅し、「経営基盤対策」の中の「その他」に格下げされて示されるようになったとし、これを「基本法体系の崩壊」と評価している（同 pp.227-228）。

このような政策理念の変化は、中小企業を大企業の対抗勢力として期待するのではなく、大企業の補完勢力として、産業の競争力を向上することへの期待へと変化したことを反映している。貿易や資本移動の自由

注65）ただし、戦後占領下に登場した「反独占」理念について、「日本政府が本当の意味で反独占を受け入れていたかどうか疑わしい（高橋、1999、p.125）」との見方がある。

化の下で、わが国の輸出競争力を高める必要があり、下請企業の生産性を高めることが目標とされたのである。そのような動きを後押ししたのが中小企業に対する「近代化」政策である。

　このように、経済発展に対する中小企業の貢献を評価する見解が有力になったが、経済の成熟化、グローバル化の下での大企業が生産拠点を海外に移転する動きが出てきたことにより、量産工業を下支えする中小企業としての役割に対する評価も下火になってきた。

(3) 経済活性化の苗床機能

　そうした中で、経済活性化の苗床機能の役割を求める理念が強調されるようになる。これは、「A. マーシャルの『森のアナロジー』にその源流があり、森（経済）の新陳代謝を行いその活性を維持しているのは若い苗木であり、中小企業はその苗床の役割を果たしているのであるから、経済の活性化のためには中小企業の育成が必要だとする政策理念である（有田、1997、p.3）」。中小企業を支援することにより、その成長により雇用や生産が増え、経済を活性化することが期待される。

　ベンチャー企業の育成や経営革新の支援は、こうした考えに基づいて行われるものである。こうした企業群への注目は、イノベーションの担い手という観点から特に注目される。高橋（1999）は、前述の経済民主主義の観点を発展させ、「中小企業の存在意義は、単なる『反独占勢力』ではなく、『イノベーション創出を担う反独占勢力』（p.138）」という見方を示している。すなわち、「常に激しい競争にさらされている中小企業の方が、多くのルーティーンに縛られて保守化しがちな支配的大企業よりも、イノベーション創出のインセンティブは大き」く、「中小企業の存在は、競争圧力の増大を通じて支配的大企業に対してもイノベーション創出のインセンティブを与える（p.138）」との見方である。

3. 旧基本法の制定

　このように中小企業は、重要な役割を果たす存在であるが、そのまま

では十分な意義を果たせないため、中小企業政策が必要とされる。支援の方向性としては、格差の是正があった。

（1）格差の是正

　1963年に制定された中小企業基本法（旧基本法）は、前文において、まず、中小企業が果たしてきた経済的社会的使命の重要性を謳っている。中小企業は「鉱工業生産の拡大、商品の流通の円滑化、海外市場の開拓、雇用の機会の増大等国民経済のあらゆる領域にわたりその発展に寄与するとともに、国民生活の安定に貢献してきた」。このような重要性にも関わらず、「企業間に存在する生産性、企業所得、労働賃金等の著しい格差は、中小企業の経営の安定とその従業者の生活水準の向上にとって大きな制約になりつつある」としている。このような事態に対して、「中小企業の経済的社会的制約による不利を是正するとともに、中小企業者の創意工夫を尊重し、その自主的な努力を助長して、中小企業の成長発展を図る」ことが、「産業構造を高度化し、産業の国際競争力を強化」すると考えている。

　ここで、中小企業の成長発展において、「企業間における生産性等の諸格差が是正されるように中小企業の生産性及び取引条件が向上すること」が目的とされた。旧基本法では、企業間格差を是正することを目的とし、設備の近代化や企業規模の適正化等が推進された。

　中小企業「近代化」政策については、「中小企業の『上層育成・下層淘汰』、いいかえれば独占・大企業の要請にこたえて、一部上層の中小企業を計画的に育成するとともに、大多数の中小零細企業には"自助努力"のみを強いるやり方」という批判的考察がみられる（渡辺、1984、p.16）。有田（2001）でも、「組立産業の国際競争力強化のためには部品を供給する中小企業の「近代化」が不可欠であったから、政策対象が個別の中小企業となったのであるが、実際上でも政策の線に乗って近代化計画を作成して実行できるのは各業界でも大手といわれる上層の中小企業であり、その結果、政策の推進が中小企業の内部格差を拡大すること

になった」としている（p.11）。

(2) 小規模企業への社会政策的配慮

　一方、小規模企業については、「その企業基盤の劣弱性から、にわか
に生産性の向上、取り引き条件の向上を期待することは困難であり、漸
進的成長を待たなければならないものが多い」とみられた。小規模企業
は、生業的企業であり、資本を蓄積するゆとりがない企業であり、中小
企業政策は「社会保障的な見地、いわば社会政策的配慮をも加味したも
の（中小企業庁、1963、p.185）」とされた。

　ただし、こうした社会政策的配慮は、旧基本法第 4 章第 23 条の「小
規模企業」に「形式的かつ総花的に押し込まれ、社会政策的立法は昭和
40 年代に『小規模企業共済法』や『家内労働法』の成立に止ま」り、
小規模層の「積極的な位置付けは必ずしも明確ではなかった（寺岡、
1997、p.62）」との評価がなされている。

4. 新基本法の下での中小企業政策

　旧中小企業基本法の背景には、弱者としての問題型中小企業観があっ
たが、1970 年代頃から積極評価型的中小企業観が台頭し、1999 年に中
小企業基本法の改正となった。

　中小企業基本法改正の背景や経緯は、中小企業政策審議会の専門委員
あるいは委員を長年つとめた清成忠男が記している。清成（2009）は、
1980 年代以降のサッチャーおよびレーガンの市場重視・規制緩和の経
済改革が世界に大きな影響を及ぼしたこと、わが国に固有の事情として
は、1963 年に制定された中小企業基本法の政策思想に反する実態が徐々
に拡大し、基本法とは矛盾すると見られかねない法律さえ制定されるよ
うになったことを挙げている（pp.223-225）。「もはや中小企業は一律に
経済的弱者というわけではない」「中小企業の活力に注目する必要あり」
（p.224）との捉え方である。

（1）結果としての格差の是認

　中小企業庁（2000）は、旧基本法の抱える問題として、以下の点を挙げている。①規模の経済性を追求し生産性等の向上を図る上で目指すべき目標としての「中小企業構造の高度化」概念が、規模の経済が妥当するケースが相対的に縮小したことにより相対化し、施策の意義も希薄化した。さらに、欧米企業の先行モデルの存在を前提とした「近代化」という概念が、今日の我が国企業の置かれた経済実態と乖離し、その意義は陳腐化している。また、中小企業の抱える経営課題が多様化、高度化する中で、行政自らが指導を行い効果をあげることは困難となっており、その意義が陳腐化している。②事業活動の不利の補正については、独禁法の適用除外カルテル等競争制限的施策についてはその見直しが求められるとともに、市場機能を活用した競争促進的施策への転換が要請されている、と述べている（pp.9-10）。

　旧基本法での政策理念である「格差の是正」については、新基本法では、「結果としての格差の存在は是認」し、「多数で活力ある独立した中小企業の育成・支援」を政策目標として提示する（pp.22-23）。

　このような認識の下で、新基本法で、掲げられた中小企業の意義は4点ある。①新たな産業の創出、②就業の機会の増大、③市場における競争の促進、④地域における経済の活性化、の役割を担う存在として積極的に位置づけられることになったのである[注66]。

　上述の中小企業の意義のうち①、②、④は、経済活性化の苗床機能に関わるものである。これらの意義は、大企業においても当てはまる可能性があり、中小企業の方が大企業よりも重要な意義を果たし得ることが示されなければ、規模を問わない「企業支援」で十分ということになり

注66）　安田（2008）は。各年度の中小企業施策の組み合わせを ward 法によってクラスター分析し、基本法改正後の中小企業政策に、①創業支援施策、②革新支援施策、③相談事業、④中小企業支援施策という軸があり、①～③の施策は「やる気と能力のある中小企業」を対象としたものである一方、④の施策はすべての中小企業を対象とした中小企業のセーフティーネット対策であるとしている。

かねない。

　③の競争の促進は、創業支援施策と同様に、競争を活性化させる。こ
れについて清成（2009）は、新基本法は「1947年に制定された独占禁
止法と同様、市場経済を重視している。（略）中小企業庁設置法の原点
に戻ったといえよう」と評価している。新基本法が競争を重視している
ことは確かであるが、規模を問わない一般的な競争促進であり、大企業
による独占への対抗勢力として中小企業を捉えた中小企業庁設置当時の
思想とは異なる。黒瀬（2006）は、新基本法について「経済民主主義理
念の欠落した、効率追求第一の競争政策型中小企業政策である（p.280）」
と評価している。

　「結果としての格差の是認」という概念は、個々の企業の経営努力の
結果として格差が生じてしまうという面においては競争活力の維持のた
めに是認されるであろう。しかし、問題となるのは、個々の企業の経営
努力によって生じる格差ではなく、大企業と中小企業といった規模「層」
の間の格差がどうなっているかである。中小企業「層」としての大企業
「層」との格差が存在・拡大しているなら、そこに個々の企業の努力だ
けでは解決できない「問題」が存在するかを吟味すべきである。個々の
企業の経営に着目した支援だけでなく、中小企業「層」としての問題を
把握し、その支援が必要になる。

　「結果としての格差の是認」といった意識の下での中小企業政策では、
大企業体制の下での中小企業問題の解決という視点が欠如してしまう。
大企業との関係で中小企業の意義・問題をみていく必要がある。

（2）前向き個別企業支援による中小企業内規模格差の拡大

　前述したように、旧基本法の下でも、中小企業の中上位層を中心に支
援することになり、結果的に中小企業内規模格差を拡大させる一因と
なった。佐藤（1981）は、「中小企業近代化政策は既存の都市零細工業
群の頭の上を素通りしていったといえる。近代化政策の『恩恵』を主と
して受けたのはやはりある程度規模の大きい層であり、零細業者はその

『近代化』の余波をかぶる存在であった（p.16）」として、旧基本法の下での中核的施策であった近代化政策が中小企業内部の格差拡大に影響したとみている。さらに、黒瀬（1992）は、1980年代の中小企業政策の特徴として、「中小企業の高度化・近代化策はソフトな経営資源充実を眼目とするものに変化した」として、「総じてソフトな経営資源充実策は、すでにソフト面で一定レベル以上に達している中小企業でないと施策受容力はない。したがって一定レベル以上の中小企業をさらにレベル・アップするという性格を帯びている」と述べている。旧基本法の下での施策についても、中小企業内格差が拡大する方向に作用したと評価されているのである。

　ただし、旧基本法は、中小企業に対して「規模の過小性から発生する諸問題を解消するためには一企業の努力では間に合わないので複数の企業が集まって組合という形での規模の拡大が必要である」という政策思想であったので、「個別企業の努力を支援するという政策を作ることに踏み切ることには組織として多少の抵抗感があった（松島、2003、p.28）」[注67]が、新基本法では個別企業への支援への躊躇がなくなった。個別企業による経営革新の支援は、旧基本法における近代化政策以上に、「前向き」な一部の中小企業の成長を促す。それはゆとりのある、規模としては中小企業の中上層部の企業への支援となる可能性が高い。小零細企業層では、取り残される企業割合が高く、中小企業内規模間格差を拡大することになりかねない。

　図表10‐1は、いわゆるサポイン事業の計画認定数、事業採択数である。規模別にみると、中小企業全体の中でも、計画認定されたのは0.34%

[注67)] 松島（2003）は、個別企業への支援という突破口は、中小企業技術開発促進臨時措置法（1985）により開かれたとしている。「新しい技術に単独で挑戦するという必ずしも弱者とはいえない個別の中小企業を支援対象とすることとした点において、旧基本法の枠内でのささやかな政策のイノベーションであった」（p.29）と評している。また、旧基本法から新基本法への変化について、政策の主たる助成対象を「組合」から「個別企業」へと変容していったことに加え、政策の切り口を「業種」から「地域」又は「集積」へと変化させたと述べている。

図表 10 − 1　戦略的基盤技術高度化支援事業（サポイン事業）

（単位：件、者）

		全体	うち小規模企業
2010〜2011 年度	計画認定数	1,517（0.34％）	656（0.17％）
	事業採択数	570（0.13％）	164（0.04％）
2009 年経済センサス	中小企業数（製造業）	446,499（100％）	394,281（100％）

資料：“ちいさな企業”未来会議第 2 回ワーキンググループ「中小・小規模企業の課題の克服　②〜技術力・人材、販路開拓、取引関係等〜」平成 24 年 4 月 23 日、中小企業庁編『中小企業白書』2013 年版より作成
（注）（　）内は、中小企業数に対する各項目の割合。

図表 10 − 2　経営革新計画終了企業の従業員規模別分布

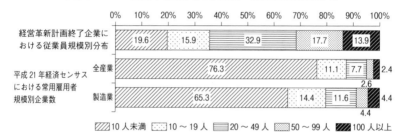

資料：中小企業庁『平成 20 年度　経営革新の評価実態調査報告書』、総務省「平成 21 年　経済センサス」より作成
（注）　経営革新計画終了企業については、アンケート調査結果（n＝617）

にすぎないが、小規模企業になると 0.17％にまで低下し、半分程度の割合になる。事業採択数では、それぞれ 0.13％、0.04％となり、小規模企業では全体の 3 分の 1 程度の低い割合である。

　経営革新計画終了企業の規模別構成比をみても、10 人未満の企業の割合は、19.6％にすぎない（図表 10 − 2）。経済センサスにより、全企業の規模別分布をみると 10 人未満の企業の割合は全産業で 76.3％を占めていることからすると経営革新計画終了企業は規模の大きな層に偏っている。経営革新計画終了企業の割合が高い製造業との比較でも、経済センサスに基づく企業のうち 10 人未満の企業が 65.3％と圧倒的な割合と

なっていることから考えると、極めて低い水準である。

　中小企業支援は、大企業への対抗勢力、補完勢力として有力な中小企業を育成し、経済活性化の担い手としての役割を果たしてもらう上で一定の成果をあげたと考えられる。しかし、支援の対象は、前向きで政策を活用する能力のある企業になされるものであり、支援対象の偏りは免れない。対象となる企業の割合が高い中規模以上の企業が多く支援されることになり、結果的に中小企業内格差を拡大させる一因となったとみられる。

(3) 小規模企業政策の動向

　小規模企業政策については、1963年に制定された中小企業基本法（旧基本法）では、小規模企業のための「章」が設けられていたが、1999年に改正された中小企業基本法（新基本法）では、総則に規定されることになった。これは、「小規模企業対策を個別施策として講ずるのではなく、中小企業施策全般にわたって配慮すべきという観点から総則に規定し、中小企業施策全般についてその実施時において個々の性質に応じて配慮すべき事項とした（中小企業庁、2000、p.52）」と説明されている。

　これに対して、通商産業政策史編集委員会編（2013）は、中小企業政策の体系図の1995年と2005年との対比から、「旧基本政策体系下では政策の3本柱（金融、税制を政策の柱とすると4本柱）の一つであった小規模企業政策は、経営安定支援やエネルギー・環境対策等と併置される『経営サポート』施策の一つという位置づけに後退した（p.92）」と評価している。

　渡辺（2015）においても、中小企業基本法の改正に先立って開催された中小企業庁長官の私的諮問機関であった中小企業政策研究会報告には小規模企業対策がなく、中小企業政策審議会において「小規模企業への配慮」が追加されたという経緯を紹介し、小規模企業政策は、「総則中の1条に過ぎない扱い」で、「小規模企業に関する扱いが軽視された」（p.76）と評価している。

　また、新基本法では、「経済情勢の変化に伴いその必然性が低下している」として、「社会政策的観点からの施策を講ずることを規定しない（中小企業庁、2000、p.52）」と明言している。さらに、「小規模企業者であっても全員一律の配慮をする訳ではなく、個々の経営資源の賦存状況に応じ必要な配慮を行う（中小企業庁、2000、p.52）」として、小規模企業への特段の配慮をするとしながらも、その底上げではなく、個別支援を行うとしている。

5.　小規模企業関連 3 法

（1）小規模企業の意義

　グローバル化、情報化の進展の中で、適応力の高い相対的に規模の大きい企業と、適応力の低い小規模企業との格差は拡大した。小規模企業のウエイトが高い地方経済は疲弊しており、東日本大震災はそうした事態を如実に示し、小規模企業への配慮が必要なことが幅広く認識されるようになった。

　その一方で、近年、地域社会に対する中小企業の貢献が注目されている。本多（2015）は、地域自治活動や地域貢献活動を担っているのが主に地元の中小企業者であることを各種調査結果から示し（pp.90-92）、中小企業者がそうした行動をするのは、地域への粘着性、職住の近接性、人間との一体性という性質によるとしている（pp.94-95）。こうした性質は、規模の小さい企業において特に強く現れる。小規模製造業は、「生活圏と事業活動の範囲が重なることから、地域活動に積極的に取り組む傾向がみられ（一般社団法人大阪自治体問題研究所・東大阪産業政策会議編、2014、p.28）」るのである。

　経済的意義だけでなく、地域社会においても重要な役割を果たしているにも関わらず、厳しい状況にある小規模企業層に対して、積極評価型中小企業観に基づく新基本法では、対応し難いことが明確になり、政策に揺り戻しが生じた。「従前の中小企業政策においては、小規模企業に焦点を当てた政策が講じられてきたとは言えず、中小企業政策の再構築

を図り、小規模企業の活性化に向けた集中的な施策を講ずることが急務とされた（柿沼・中西、2013、p.118)」のである。

(2) 中小企業基本法の改正

　2012年3月に中小企業庁が開催した「"ちいさな企業"未来会議」は、中小・小規模企業の経営力や活力の向上に向けた課題と今後の中小・小規模企業政策の在り方を討議し、同年6月に取りまとめを行った。2012年の"ちいさな企業"未来会議の取りまとめでは、「これまでの中小企業政策は、1999年の中小企業基本法の改正を経て、どちらかというと、中小企業の中でも比較的大きな企業（中規模企業）などに焦点が当てられがちで、必ずしも、小規模企業にしっかりと焦点を当てた政策体系となっていない。また、既存の支援施策（補助金等）も、小規模企業が活用しやすい制度・運用になっていない場合がある」（中小企業庁、2012）という問題が提起された。

　この会議を格上げする形で、2013年2月には「"ちいさな企業"成長本部」が設置された。

　2013年の第183回国会では、「小規模企業の事業活動の活性化のための中小企業基本法等の一部を改正する等の法律（小規模企業活性化法)」が成立した。中小企業基本法等の8本の法律を一部改正し、1本の法律を廃止するものである。小規模企業の事業活動の活性化を図る観点から、「基本理念」と「施策の方針」を明確化するとともに、中小企業施策として今日的に重要な事項を新たに規定し、施策の方針を位置づけたのである。具体的には、海外における事業の展開や情報通信技術の活用に関する情報の提供の充実や資金の円滑な供給などが盛り込まれた。

　中小企業基本法の改正では、第3条の基本理念に小規模企業の意義等が盛り込まれた。また、「小規模企業への配慮」規定であった第8条を「小規模企業に対する中小企業施策の方針」に改め、それまでの配慮規定を記した第3項に加え、第1項には「地域における経済の安定並びに地域住民の生活の向上及び交流の促進に寄与するという重要な意義」、

第 2 項では「将来における我が国の経済及び社会の発展に寄与するという重要な意義」を小規模企業が有することを掲げ、そのための施策を講じることが追加されている。

　中小企業を一括りにするのではなく、小規模企業が「地域における多様な需要に応じた事業活動を行う」側面と「成長発展を実現する」側面を有することを重視した改定となっている。

（3）小規模基本法、小規模支援法

　小規模企業の振興を担保するために、「小規模企業振興基本法（小規模基本法）」「商工会及び商工会議所による小規模事業者の支援に関する法律の一部を改正する法律（小規模支援法）が策定され、2014 年 6 月20 日の第 186 回通常国会において成立した。

　小規模基本法は、日本全国に景気の好循環を浸透させ、地方に強靭で自立的な経済を構築するためにも、雇用を支え、新たな需要にきめ細かく対応できる小規模事業者の役割が重要との認識から、小規模企業を中心に据えた新たな施策の体系を構築すべく策定された。法律では中小企業基本法の基本理念である「成長発展」のみならず、技術やノウハウの向上、安定的な雇用の維持等を含む「事業の持続的発展」を位置づけたこと（第 3 条）、小規模企業施策について 5 年間の基本計画を定め（第13 条）、政策の継続性・一貫性を担保する仕組みを作ったことが特徴である。

　小規模支援法では、商工会・商工会議所が、小規模事業所による事業計画の策定を支援し、その着実なフォローアップを行う「伴走型」の支援を行う体制を整備することとなった。

（4）小規模企業関連 3 法の意義

　小規模企業関連 3 法は、小規模企業を明示的に採りあげ、独自の意義を示すとともに、一貫した支援を担保する「基本計画」、商工会・商工会議所による「伴走的支援」の枠組みを作ったという点において重要で

ある。また、「成長発展」のみならず、「持続的発展」を位置づけたことで、一握りの高成長企業だけでなく、多数を占める小規模企業を支援することを示したという点で、意義のある政策変更であった。

ただし、「伴走的」支援については、商工会・商工会議所では会員数の減少という問題を抱え、支援の効率性を求められる状況の下で有効に機能するかが問われる。

また、施策に対する認知度が低いという問題がある。安田（2013）は、主要中小企業政策すべてについて「名前を聞いたことがない」と回答した企業が調査企業の3分の1あったとし、これを「政策不達層」と呼ぶ（p.164）。小零細企業は、政策を認知することもなく、手続き的にも不慣れな企業が多い。そうした企業を対象に支援していくゆとりが商工会・商工会議所にあるかが重要な論点である。市場の失敗を補完するための施策に市場原理が持ち込まれるならば、支援が実効性を保てない懸念が生じる。

6.　小括

本章では、中小企業政策の流れを略述し、戦後、旧中小企業基本法の下での近代化への支援や、1999年の改正中小企業基本法の下での経営革新支援等による「やる気と能力のある中小企業」の支援を受けて、中規模層が発展してきたが、開業率の低下や小零細企業の廃業が増加する状況において、小零細企業への配慮が強まりつつあることを示した[注68]。

[注68)　本章では、国の中小企業政策と中小企業内格差について論じたが、自治体は多様な形で国の政策に関わっている（本多、2013、pp.38-39）。近年、自治体において中小企業振興基本条例を制定する動きが広まり、平成24年以降制定の条例には小規模企業に関する規定が、盛り込まれることが多い。中小企業内の規模間格差の問題への取り組みが期待される。

終 章

厳しい受注環境で生き抜く中小零細企業

1. 需要量減少の下での規模間格差の拡大

　付加価値生産性の規模別格差はいつの時代にも存在するが、高度経済成長期には縮小し、その後は拡大傾向にある。近年においては、中小企業内格差も拡大している。

　付加価値生産性格差は、資本装備率の格差、すなわち資本という生産要素の投入量の差によって生まれるという見方（生産要素論）が戦後の二重構造論の議論以来根強く、今日においても一定の説明力を有するとみられる。しかし、資本装備率の変化と付加価値生産性の変化との間には、関係が見出しにくくなっている。中小企業内で資本装備率の格差が拡大していないにも関わらず、付加価値生産性格差が拡大するなど、格差の拡大縮小を資本装備率の増減で説明することができなくなっているのである。

　また、参入障壁の観点から、小資本での参入が容易な部門では過当競争が生じ、付加価値生産性や利潤率が低くなるという見方（利潤率階層化論）についても、小規模な企業ほど企業数の減少率が大きい一方で、小規模な企業の経営が悪化し、格差が拡大してきたという状況を説明することができない。

　このように企業における物的生産性や競合する企業数といった供給側

の視点では付加価値生産性格差の規模間格差拡大を説明することが難しくなっている。

　需要側の視点としては、購入者である大企業が下請企業の製品を買いたたき、下請企業の販売価格が低く抑えられた結果、付加価値生産性が低くなるという見方がある（搾取のヒエラルキー論）。しかし、独占資本をピラミッドの頂点として、下請制を通じて格差が生じるという見方についても、下請企業の割合が著しく減少した現在では説明力が低下していると考えられる。

　下請制の下で、規模が小さいほど、販売価格が低く抑えられることによって格差が生じるという見方の根拠が乏しくなっているとすると、需要面から捉える場合でも価格よりも数量に焦点を当てる必要がある。近年における規模間格差拡大要因を説明する上では、これまでの供給面や価格面からの視点だけではなく、需要面・数量面からのアプローチが有効と考えられる。このような見方を本書では、受注環境論と呼んだ。

　受注量は、一つには景気変動により増減する。需要縮小により小零細企業は切り捨てられ、中小企業上位層との格差が拡大するが、需要拡大により小零細企業が失った受注を取り戻す傾向がみられた。このため、中小企業上位層と下位層との格差は、景気拡大期に縮小し、景気後退期に拡大する。ただし、バブル経済崩壊後のわが国では需要低迷の影響が深刻であり、景気後退の影響の方が大きかったので、規模間格差が拡大傾向にあったとみられる。

　より構造的な要因としては、グローバル化・情報化の下で、大企業の生産拠点が海外に移転したことなどによる国内需要の低迷に対し、中小企業上位層を中心に内製化が進められたことがある。そうしたしわ寄せが、受注連鎖の末端に位置する中小企業下位層にきたのである。また、素材型産業では、規模の大きな企業による川下の市場への参入により、規模の小さい企業の受注が減少するということもある。こうしたことから、中小企業下位層では受注確保が困難になった。

　その一方で、ソフトな経営資源の活用による海外需要やインターネッ

トを用いた需要の獲得といったグローバル化・ICT 化への適応力があっ
たのは相対的に規模の大きい企業であった。こうした新規受注量の獲得
度合いの差もあり、中小企業内の物的生産性格差が広がった。

2. 受注環境変化への適応

　大企業、そして中小企業上位層の海外生産の拡大と輸入品の増加に
伴って中小企業中下位層にとっての国内市場は縮小している。このよう
な状況において、中小企業中下位層の存立は、縮小した国内市場で勝ち
残ることと、自らが生産ピラミッドの頂点として国内外の需要を開拓す
ることにかかっている。

　前者に関して、生産システムの急激な縮小の中で、新たな均衡が生れ
つつある。例えば、アルミニウム鋳物業では、全国的な生産量が縮小し
ている中で、堅調に推移している企業がみられるが、それは「同業者の
廃業が増えており、その受注先からの発注を引き受けるという形態で新
たな取引が生じているからである」（大阪産業経済リサーチセンター、
2012、p.25）。

　後者については、大企業に依存せずに自ら需要を獲得できるようにな
ることである。中小企業上位層については、世界市場を相手にできる中
小企業も育ってきている。経済産業省では、特色ある技術や製品、事業
モデルで世界的に高いシェアを持つものづくり中堅・中小企業」を『グ
ローバル・ニッチ・トップ企業（GNT 企業)』と呼んでいる（経済産業
省・厚生労働省・文部科学省編、2011、p.139）。大企業が海外への移転
等により地域での存在感を低下させる中、GNT 企業の中には、自身が
『ハブ』となって、かつての大企業の果たしていた役割を代替し、関連
中小企業を束ねて創造的ものづくりを行う新たな動きがみられる（細
谷、2011、p.44）。

　GNT 企業は主に中小企業の上位層であるが、中下位層についても国
内外のニッチな市場は常に残るものであり、こうした需要を存立基盤と
し、ニッチトップ企業（NT 企業）となることが一つの方策である。さ

らに、中小企業中下位層は、上位層の GNT 企業の発展を支える基盤産業としての存立も可能となるであろう。

近年、大企業を中心とした国内完結型生産システムの下で、親企業とともに成長していくことは難しい。そうした中で、縮小する国内市場の中で勝ち残りを目指すのか、独自性を追及し競争を避けつつ自らの市場を見つけていくのか、中小企業は自らの存立基盤を見つめ直す必要性が生じている。

3. 小零細企業を層として引き上げる施策展開を

付加価値生産性格差が拡大する中で、人手不足や最低賃金の引き上げにより、小零細企業は、賃金を引き下げて労働者にしわ寄せすることはできない。その結果、営業純益の悪化を引き起こし、零細企業を中心とした転廃業が加速している。

そうした中で相対的に大企業上位層が地位を高めていった業種や、大企業上位層が残存者として生産を増加させていった業種がある。その反面、需要の急激な縮小の下で、大規模上位層さえもダウンサイジングを迫られ、規模構造が下方にシフトしていった業種もみられる。需要縮小への対応が多様な形で進展したと考えられる。

戦後、旧中小企業基本法の下での近代化への支援や、1999 年の改正中小企業基本法の下での経営革新支援等による「やる気と能力のある中小企業」の支援の下で、中小企業上位層が発展する一方で、中小企業下位層の経営は厳しさを増し、中小企業内の付加価値生産性や収益の規模間格差が拡大している。中小企業政策は、前向きで施策を活用する能力のある個別企業への支援に傾斜し、そうした格差を拡大させる一因となってきた。

開業率の低下や小零細企業の廃業が増加する下で、近年、小規模企業支援が標榜されているが、小規模企業の意義を強調するだけで、その問題性を認識しなければ、小規模企業内格差を拡大するだけで、層としての発展につながりにくい。小規模企業が施策をもっと活用できるよう

な、きめ細かな支援体制を考えていく必要がある。小零細企業は、事業主が直接的な作業に参加する規模であり、施策情報を集めるための行動をとる余裕がない。前向きであったとしても、施策を活用するゆとりがない場合も多い。また、手続きが煩雑で慣れない企業は、利用を躊躇ってしまう現実がある。小規模基本法第21条で「手続きについて簡素化又は合理化その他の措置を講ずることにより小規模企業者の負担の軽減を図るように努める」との規定を入れたことは特筆に値する。実効性のある簡素化によって小規模企業が施策を活用しやすくなるようにする必要がある。

　前向きで施策を活用する能力のある小規模企業への支援に偏らないように、小規模企業の抱える問題を見据え、層として底上げすることにより、施策を活用できる能力をもつ企業を育てていくという二段構えの政策を展開していく必要があるのではないだろうか。

事業所／企業規模と（粗）付加価値額

　生産性を規模別に分析するに際しては、事業所規模か企業規模か、付加価値額か粗付加価値額かという2つの問題がある。

　まず、規模については、代表的な統計であった経済産業省「工業統計表（産業編）」から事業所規模別にみていくことが多い。付加価値生産性が、プラントの大きさなどの技術的な要因に基づく規模の経済性に規定されるとの前提での分析であれば、事業所規模による格差を問題にすることが望ましいであろう。しかし、中小企業と大企業との格差について検討するうえでは、企業規模に基づいた分析が望ましい[注69]。何故なら、資本量や取引上の地位は、事業所規模ではなく、企業規模に基づくものであり、企業規模が小さいことが経営資源の確保困難や取引面の不利益を生じさせるなどの中小企業問題を引き起こし、それによって付加価値生産性格差が生じているからである。このため、本書では、「工業統計表」について、主に「企業統計編」により分析した。

　次に、付加価値額については、経済産業省「工業統計表」では、付加価値額を中心に提示するものの、規模の小さい事業所、企業については

[注69] 中小企業庁編（1999）では、規模の経済性について「工業統計表」の個別事業所のデータによって事業所レベルの規模の経済性を、「企業活動基本調査」の個別企業データ（製造業）によって企業ベースの規模の経済性を計測している（pp.51-54）。

粗付加価値額が示されている。規模別の生産性を比較する上では、両者を混同しないことが望ましい。その際、資本と労働の投入によって付加価値が生まれる、すなわち、付加価値には労働コストだけでなく資本コスト（減価償却費）も含むという意味では、粗付加価値額を用いるほうがよいと考えられる。

これら2つの相違点について、2010年における付加価値額の構成比をみると、「工業統計表（産業編）」より、299人以下の事業所が生み出す付加価値額は約48兆円で、全体の53.3％を占める（図表補-1）。

一方、「工業統計表（企業統計表）」より、企業規模別に粗付加価値額の構成比をみるならば、299人以下の企業が生み出す粗付加価値額は38.2％にすぎず、300人以上の企業によって6割以上の付加価値が生み

図表補-1　事業所数、従業者数、付加価値額（2010年）

（単位：事業所、者、百万円）

	事業所規模別				企業規模別				
	事業所数		付加価値額（注）		企業数		事業所数		粗付加価値額
4～9人	99,883	44.5	3,211,728	3.5	93,957	46.6	94,036	41.9	2,782,847	2.8
10～19人	54,439	24.3	5,011,320	5.5	48,020	23.8	49,177	21.9	4,042,318	4.0
20～29人	26,453	11.8	5,005,148	5.5	22,526	11.2	24,159	10.8	3,862,192	3.8
30～49人	15,507	6.9	4,976,716	5.5	13,326	6.6	16,259	7.2	4,159,347	4.1
50～99人	14,714	6.6	9,823,181	10.8	12,285	6.1	16,532	7.4	7,836,330	7.8
100～199人	7,694	3.4	12,654,747	14.0	6,507	3.2	10,503	4.7	9,772,786	9.7
200～299人	2,399	1.1	7,652,834	8.4	2,046	1.0	4,092	1.8	6,036,359	6.0
中小企業小計	221,089	98.5	48,335,674	53.3	198,667	98.5	214,758	95.7	38,492,179	38.2
300～399人	1,774	0.8	10,969,234	12.1	1,502	0.7	3,510	1.6	8,094,493	8.0
500～999人	1,044	0.5	12,019,830	13.3	990	0.5	2,897	1.3	10,786,836	10.7
1,000～4,999人	496	0.2	19,342,472	21.3	550	0.3	2,552	1.4	22,729,448	43.0
5,000人以上					72		686		20,542,469	
大企業小計	3,314	1.5	42,331,536	46.7	3,114	1.5	9,645	4.3	62,153,246	61.8
合計	224,403	100.0	90,667,210	100.0	201,781	100.0	224,403	100.0	100,645,426	100.0

資料：経済産業省「工業統計表（産業編、企業統計編）」
（注）　製造業。従業者29人以下の付加価値額は粗付加価値額。付加価値額、粗付加価値額の右列は構成比。

出されていることがわかる。特に差が大きいのは1,000人以上の規模である。事業所規模でみると21.3％にすぎないが、企業規模では43.0％を占めている。1,000人以上の大規模事業所は496事業所しかないが、1,000人以上の企業は622者あり、それらの企業が保有する事業所数は3,238事業所となっている。この差である2,742事業所は、1,000人以上の企業が保有する999人以下の事業所であり、これらの事業所が生み出す付加価値が大きいため、1,000人以上の企業の存在感が大きくなっている。このように、事業所規模と企業規模では各階層のウエイトも異なる。

　製造業についての有用な情報を毎年公表していた「工業統計調査」は、2020年を最後に廃止された。同調査は、「経済構造実態調査」に包摂され、製造業事業所調査として実施されることになった。

　しかしながら、「経済構造実態調査」では、製造品出荷額等を上位から累積し、その9割を達成する範囲に含まれる事業所を対象とし、個人経営及び法人以外の団体の事業所が除かれている。そうした調査は、国民所得統計の整備には有効であったとしても、小零細企業の実態は、全くわからない。

　全規模の中で小零細企業の実態を把握できる可能性がある調査は、5年に1度実施される「経済センサス活動調査」であるが、それが事業所単位の集計結果のみでは、企業規模間格差の把握はできない。

　「経済センサス活動調査」の「産業別集計結果」公表に際しては、企業単位での集計結果が復活されることが切望される。

補論 2. 従業者規模と資本金規模

　中小企業の要件として、大企業と比べた資本市場での資金調達力の差があることから、資本金規模は、企業規模を規定する重要な要因である。しかしながら、時系列比較をする際には、注意を要する。なぜならば、基準となる資本金額は、資本装備率の変化やインフレーションにより変化するからである。

　このため、中小企業の定義においても、製造業における中小企業の基準は、資本装備率の向上等から所要資本が増大し、従業員規模300人に対応する資本金規模が昭和44年では1億430万円になったことから、資本金が5,000万円以下から1973年に1億円以下へと改定された（中小企業庁編、1999、p.296）。さらに、物価水準が2倍以上となり、平均資本金額、資本装備率等の指標が3～5倍と大きく増大していること等（同 p.51）から1999年には3億円に引き上げられた。

　こうしたことから、長期の時系列比較に際する企業規模を示す基準として、従業者規模が第一に考えられる。ただし、従業者規模についても、労働節約的な技術の普及等により変化するため、企業規模を絶対的に測定できるものではない。また、「工業統計表」では、従業者4人以上の事業所について、事業所単位の調査結果を、企業単位に組み替え集計したものを「企業統計編」として公表してきたが、2014年分を最後に公表されなくなった。このため、2015年以降の企業従業者規模別の変化

をみることができなくなった。

　本書では、こうしたことから「工業統計」の企業従業者規模と「法人企業統計」[注70]の資本金規模の両方を用いて分析した。「法人企業統計」における資本金規模と従業者規模の関係は以下のとおりである。

図表補 - 2　資本金階層別の平均従業者数

（単位：人）

	全規模	10億円以上	1億〜10億円未満	5千万〜1億円未満	1千万〜5千万円未満	1千万円未満
1961 年度	57	5,173	823	371	182	32
1970 年度	42	4,093	542	228	97	17
1980 年度	32	2,707	310	135	51	13
1990 年度	31	2,073	265	119	43	11
2000 年度	29	1,522	216	111	24	7
2010 年度	28	1,427	223	101	22	7
2020 年度	29	1,583	244	93	20	6

資料：財務省「法人企業統計調査」
（注）　従業者数は、期中平均役員数と期中平均従業員数の合計。1961年度、70年度の資本金1千万未満については、資本金2百万円未満、資本金2百万円以上5百万円未満、資本金5百万円以上1千万円未満の合計。

[注70]「法人企業統計」では、「工業統計」に含まれている個人事業者が含まれていないことにも注意が必要である。

あとがき

　筆者は、大阪府庁に行政職として入庁し、大阪府立産業開発研究所（現、大阪産業経済リサーチセンター）に配属された。そこで調査研究への関心から、経済経営研究職に職種転換し、それ以来、大阪府の景気動向調査や地域経済・産業の調査に従事している。

　大阪府立産業開発研究所は、大正 14 年に設置された大阪府立産業能率研究所と昭和 25 年に設置された大阪府立商工経済研究所を母体とする、歴史ある中小企業研究のメッカであった。筆者が学生の時には、「規模の経済」といった概念には触れたが、「中小企業論」や「マルクス経済学」の講義はなく、「中小企業」という概念は新鮮であった。

　「中小企業」という枠組みで一つの研究領域が成り立つことはユニークであるが、今日、企業一般ではなく、中小企業として研究することの根本的な理由が見えにくくなっているのではないだろうか。本書は、そうした問題意識の下に、企業規模間の付加価値生産性格差について執筆してきた論考をまとめたものである。

　入庁当時は、地域経済や産業集積に関心があり、その構成要素である中小企業そのものを研究していなかったが、流通科学大学名誉教授の髙田亮爾先生から学会での報告や寄稿を促していただいたことを契機として、規模に関する幾つかの論文を執筆させていただいた。それらの論文を大幅に組み替え、加筆修正を施し、本書を出版することになったのは、大阪商業大学名誉教授の前田啓一先生に背中を押していただいたことによる。両先生を含め大阪府立商工経済研究所、大阪府立産業開発研究所の諸先輩、同僚学兄、及び中小企業学会の先生方にお世話になり、その学恩に心から感謝申し上げたい。また、中小企業や政策支援の現場の状況について、ご教示いただいた中小企業や行政機関の方々にも感謝の意を表したい。

　末尾ながら、出版事情の悪いところ、同友館から刊行していただける

ことになった。同出版部次長の佐藤文彦氏、同係長の武苅夏美氏のご尽力に対して感謝申し上げる。

　最後に、私事で恐縮だが、かけがえのない家族、今は離れて暮らしている母と母を支えてくれている姉家族、そして亡き父に感謝を述べたい。

2023 年 5 月

町田光弘

【参考文献】

アトキンソン、デービット（2020）『日本企業の勝算』東洋経済新報社。

有田辰男（1968）『日本中小企業分析』日本評論社。

有田辰男（1993）「中小企業政策の変化と基本法体系」中小企業学会編『中小企業政策の展望と課題』同友館。

有田辰男（1997）『中小企業論—歴史・理論・政策』新評論。

有田辰男（2001）「中小企業政策と創業支援政策—『中小企業基本法』の改正に関連して—」『東京経大学会誌（経済学）』No.221。

伊東岱吉（1957）『中小企業論』日本評論新社。

伊東岱吉（1958）「中小工業問題の本質」藤田敬三・伊東岱吉編『中小工業の本質—中小企業叢書—V』有斐閣（初版：昭和29年、再版：昭和33年）。

伊東岱吉・加藤誠一（1960）「中小企業の基礎理論」伊東岱吉他編『講座中小企業　第1巻　歴史と本質』有斐閣。

牛尾眞造（1951）『中小企業論（経営学大系10）』三笠書房。

大阪産業経済リサーチセンター（2012）『おおさか経済の動き　2012年4〜6月版　No.479』。

大阪産業経済リサーチセンター（2014）『中小工業における規模間業績格差の要因について　—大阪府内製造業の受注及び経営状況に関する調査—』平成26年3月。

一般社団法人大阪自治体問題研究所・東大阪産業政策会議編（2014）『東大阪市のものづくりを発展させるための調査報告書』。

大阪府立産業開発研究所（2008）『小規模事業所の増減と中大規模工場—製造事業所の増減に関する調査報告書』。

太田清（2010）「10　賃金格差—個人間、企業規模別、産業間格差」内閣府経済社会総合研究所『バブル／デフレ期の日本経済と経済政策　第6巻「労働市場と分配」』。

太田智之・辻隆司（2008）「中堅・中小企業の価格交渉力と標準化・モジュール化　〜収益力改善に向けて中堅・中小企業は何をすべきか〜」『みずほ総研論集』2008年III号。

大竹文雄（1994）「1980年代の所得・資産分配」The Economic Studies quarterly Vol.45, No.5。

岡室博之（1996）「賃金・生産性の企業規模間格差に関する一考察—国際比較と分析課題の掲示—」小林靖雄・滝澤菊太郎『中小企業とは何か—中小企業研究五十五年』有斐閣。

奥井めぐみ（2000）「パネルデータによる男女別規模別賃金格差に関する実証分析」『日本労働研究雑誌』No.485. 12月号。

柿沼重志・中西信介（2013）「中小企業・小規模事業者政策の現状と今後」参議院事務局企画調整室編集・発行『立法と調査』No.344。

河井啓希（2004）「中小企業のグローバル化の進展：その要因と成果」独立行政法人経済産業研究所（RIETI Discussion Paper Series 04-J-037）。

北原勇（1960）「資本蓄積運動における中小企業」小林義雄他編『講座　中小企業　第2巻　独占資本と中小企業』有斐閣。

清成忠男（2009）『日本中小企業政策史』有斐閣。

清成忠男・中村秀一郎・平尾光司（1971）『ベンチャー・ビジネス―頭脳を売る小さな大企業―』日本経済新聞社。

金榮愨・深尾京司・牧野達治（2010）「『失われた20年』の構造的原因」独立行政法人経済産業研究所（RIETI Policy Discussion Paper Series 10-P-004）。

黒瀬直宏（1992）「戦後中小企業政策の展開と今後の展望」中小企業学会編『企業間関係と中小企業―中小企業理論の再検討―』同友館。

黒瀬直宏（2006）『国際公共政策叢書第9巻　中小企業政策』日本経済評論社。

黒瀬直宏（2012）『複眼的中小企業論　中小企業は発展性と問題性の統一物』同友館。

黒瀬直宏（2021）「アトキンソン氏の中小企業再編成論を批判する」『企業診断』。

経済企画庁編（1957）『経済白書―速すぎた拡大とその反省―』昭和32年度、至誠堂。

経済産業省・厚生労働省・文部科学省編（2011）『2011年版ものづくり白書』経済産業調査会。

玄田有史（1996）「『資質』か『訓練』か？―規模別賃金格差の能力差説―」『日本労働研究雑誌』No.430. 1月号。

小池和男（1972）「規模別賃金格差をめぐって―大企業本工の賃金と中小企業ホワイトカラーの賃金―」『日本労働協会雑誌』No.156. 3月号。

小池和男（2005）『仕事の経済学（第3版）』東洋経済新報社。

小林伸生（2004）「シフト・シェア分析による国内各地域の製造業の生産動向分析」関西学院大学『經濟學論究』57（4）。

小林靖雄（1967）「適正企業規模の検出」末松玄六・瀧澤菊太郎『適正規模と中小企業』有斐閣。

佐竹隆幸（1995）「適正規模中小企業論の現代的展開―地場産業型業種をめぐって―」『関西外国語大学研究論集』第61号。

佐竹隆幸（2008）『中小企業存立論―経営の課題と政策の行方―』ミネルヴァ書房。

佐藤厚（1997）「総論　中小企業と労働問題」高梨昌監修・日本労働研究機構編『リーディングス　日本の労働⑩　中小企業』。

佐藤芳雄編著（1981）『巨大都市の零細工業』日本経済評論社。

渋井康弘（2010）「競争論を基礎とする中小企業論序説」植田浩史・粂野博行・駒形哲哉『日本中小企業研究の到達点―下請制、社会的分業構造、産業集積、東アジア化』同友館。

商工総合研究所（2013）『中小企業の収益力と生産性の動向』平成 25 年 3 月。

末松玄六（1948）『産業再建と最適経営規模』産業経理協会。

末松玄六（1961）『中小企業成長論』ダイヤモンド社。

髙田亮爾（1989）『現代中小企業の構造分析―雇用変動と新たな二重構造―』新評論。

髙田亮爾（2003）『現代中小企業の経済分析―理論と構造―』ミネルヴァ書房。

髙田亮爾（2012）『現代中小企業の動態分析―理論・実証・政策―』ミネルヴァ書房。

高橋美樹（1999）「イノベーション、創業支援策と中小企業政策」慶應義塾大学『三田商学研究』第 41 巻第 6 号。

瀧澤菊太郎（1968）「日本産業構造の高度化過程と中小工業」山中篤太郎・瀧澤菊太郎・外池正治『産業高度化と中小企業』第三出版株式会社。

田杉競（1967）「適正規模理論の現実的接近」末松玄六・瀧澤菊太郎『適正規模と中小企業』有斐閣。

巽信晴（1960）『独占段階における中小企業の研究』三一書房。

巽信晴（1988）「大企業体制と中小企業の理論」巽信晴・佐藤芳雄編『新中小企業論を学ぶ』有斐閣。

中央大学経済研究所編（1976）『中小企業の階層構造―日立製作所下請企業構造の分析』中央大学出版部。

中小企業基盤整備機構（2008）『「自動車産業の多層的サプライヤー・システムと中小サプライヤーの役割」開発補完機能と海外生産対応について』平成 20 年 3 月。
http://core.ac.uk/download/files/153/6390185.pdf

中小企業庁（1963）『中小企業基本法の解説』日本経済新聞社。

中小企業庁（2000）『新中小企業基本法―改正の概要と逐次解説―』同友館。

中小企業庁（2012）「中小企業基本法における中小・小規模企業の位置づけの精緻化・強化について」（中小企業政策審議会"ちいさな企業"未来部会：資料 4）、平成 24 年 11 月 8 日。

中小企業庁（2014）「小規模企業基本政策小委員会とりまとめ報告書（案）」（中小企業政策審議会　小規模企業基本政策小委員会（第7回）─配布資料3-2）、平成26年1月。

中小企業庁編（1982）『昭和57年版中小企業白書』大蔵省印刷局。

中小企業庁編（1999）『中小企業政策の新たな展開』同友館。

中小企業庁編（2003）『2003年版中小企業白書』ぎょうせい。

中小企業庁編（2008）『2008年版中小企業白書』ぎょうせい。

中小企業庁編（2011）『2011年版中小企業白書』同友館。

中小企業庁編（2012）『2012年版中小企業白書』日経印刷。

中小企業庁編（2013）『2013年版中小企業白書』佐伯印刷。

中小企業庁編（2014）『2014年版中小企業白書』日経印刷。

中小企業庁編（2016）『2016年版中小企業白書』日経印刷。

中小企業庁編（2022）『2022年版中小企業白書』日経印刷。

通商産業政策史編集委員会編（2013）『通商産業政策史12　中小企業政策1980-2000』産業経済調査会。

寺岡寛（1997）『日本の中小企業政策』中京大学中小企業研究所。

中村隆英（1993）『日本経済─その成長と構造〔第3版〕』東京大学出版会。

中村秀一郎（1961a）「独占資本主義の構造と中小企業問題」小林義雄他編『講座　中小企業　第2巻　独占資本と中小企業』有斐閣。

中村秀一郎（1961b）『日本の中小企業問題』〔現代日本資本主義分析双書〕合同出版社。

中村秀一郎（1964）『中堅企業論』東洋経済新報社。

中山金治（1983）『中小企業近代化の理論と政策』千倉書房。

西村清彦・井上篤（1994）「高度成長期以後の日本製造業の労働分配率：『二重構造』と不完全競争」石川経夫編『日本の所得と富の分配』東京大学出版会。

延近充（2001）「独占利潤の本質と利潤率の構造的階層化」北原勇・鶴田満彦・本間要一郎編『資本論体系　第10巻　現代資本主義』有斐閣。

長谷川英伸（2013）「中小企業の過小性に関する一考察」『玉川大学経営学部紀要』第20号。

深尾京司（2012）『「失われた20年」と日本経済』日本経済新聞出版社。

深尾京司・牧野達治・池内健太・権赫旭・金榮愨（2014）「生産性と賃金の企業規模間格差」『日本労働研究雑誌』No.649. 8月号。

藤川健（2019）「基盤産業における存立条件の変化」髙田亮爾・前田啓一・池田潔編著『中小企業研究序説』同友館。

細谷祐二（2011）「日本のものづくりグローバル・ニッチトップ企業について

の考察―GNT 企業ヒアリングを踏まえて―【後編】』『産業立地』2011年 9 月号。

本多哲夫（2013）『大都市自治体と中小企業政策―大阪市にみる政策の実態と構造』同友館。

本多哲夫（2015）「中小企業と地域社会」大阪市経済戦略局『2015 年版　大阪の経済』。

町田光弘（2011）「大阪工業の地位低下と産業構造」大阪産業経済リサーチセンター『産開研論集』第 23 号。

松島茂（2003）「90 年代の中小企業政策史のための覚書」東京大学社会科学研究所『社会科学研究』第 54 巻第 6 号。

みずほ総研（2008）『中堅・中小企業の価格交渉力と標準化・モジュール化～収益力改善に向けて中堅・中小企業は何をすべきか～』みずほ総研論集、2008 年 III 号。

三井逸友（1984）「階層的下請構造と外注管理政策の特質」渡辺睦・前川恭一編『現代資本主義叢書 27　現代中小企業研究　上巻』大月書店。

港徹雄（1996）「中小企業と大企業」清成忠男・田中利見・港徹雄『中小企業論』有斐閣。

港徹雄（2021）「中小企業は経済成長の足かせか？―アトキンソン『説』の考察―」商工総合研究所『商工金融』2021 年 1 月号。

峯岸直輝（2010）「地域経済における製造業の産業構造の特徴と影響――一部地域では産業の集積効果など地域特有の要因が雇用を下支え―」『信金中金月報』2010.4。

三輪芳朗（2010）「『貸し渋り』・『借り渋り』と『信用保証』：1998.10～2001.3の特別信用保証を中心に」東京大学大学院経済学研究科。
http://core.ac.uk/download/files/153/6390185.pdf

安田武彦（2008）「中小企業基本法の改正と施策体系の変化についての一試論」大阪経済大学中小企業・経営研究所『中小企業季報』2008　No.3（通巻第 147 号）。

安田武彦（2013）「中小企業政策と小規模企業―中小企業政策は多数派にどのように届くのか―」東洋大学『経済論集』39 巻 1 号。

山中篤太郎（1968）「研究課題としての『中小企業』―わが国の中小企業とは研究上どのような問題であるのか」山中篤太郎・瀧澤菊太郎・外池正治『産業高度化と中小企業』第三出版株式会社。

渡辺俊三（2015）「小規模企業振興基本法の制定と中小企業政策の新展開」名城大学経済・経営学会『名城論集』第 15 巻第 4 号。

渡辺俊三（2021 年）「中小企業憲章制定から十年　中小企業は多すぎるのか、

生産性格差を解消するために何が必要か」『中小企業家しんぶん』2021
年 4 月 5 日付。

渡辺睦（1984）「中小企業研究の到達点と新課題」渡辺睦・前川恭一編『現代
資本主義叢書 27　現代中小企業研究　上巻』大月書店。

渡辺幸男（1997）『日本機械工業の社会的分業構造―階層構造・産業集積から
の下請制把握―』有斐閣。

渡辺幸男（2010）「『日本機械工業の社会的分業構造』再論」植田浩史・粂野
博行・駒形哲哉編著『日本中小企業研究の到達点―下請制、社会的分業
構造、産業集積、東アジア化』同友館。

Piketty, Thomas（2013）*Le Capital au XXIe siècle*, Seuil.（山形浩生・守岡
桜・森本正史訳（2014）『21 世紀の資本』みすず書房）。

【初出一覧】

　本書は、これまでに執筆した下記の論文を元に、加筆修正・組替えをしたうえに、書き下ろしたものから成っている。

1．「供給過剰時代における新たな分業構造と中堅規模層の台頭」大阪経済大学中小企業・経営研究所『中小企業季報』通巻第152号（2010年1月）pp.10-21。
2．「規模間生産性格差と中小工業の存立基盤について」大阪産業経済リサーチセンター『産開研論集』第25号（2013年3月）pp.1-12
3．「中小工業における規模別付加価値生産性格差の拡大要因について」大阪経済大学中小企業・経営研究所『中小企業季報』通巻第169号（2014年4月）pp.14-26
4．「中小工業における規模間格差について」日本中小企業学会編『アジア大の分業構造と中小企業』（日本中小企業学会論集33）同友館（2014年7月）pp.147-159
5．「製造業の規模間格差に関する理論の整理と考察」大阪産業経済リサーチセンター『産開研論集』第27号（2015年3月）pp.1-12
6．「中小企業政策と中小企業内格差について」大阪産業経済リサーチセンター『産開研論集』第28号（2016年3月）pp.41-52
7．「規模別賃金格差に関する考察」大阪産業経済リサーチセンター『産開研論集』第29号（2017年3月）pp.13-20
8．「産業構造変化と中小企業」髙田亮爾、前田啓一、池田潔編著『中小企業研究序説』（2019年10月）同友館 pp.23-39
9．「2000年代における製造業の規模構造の変化について」大阪産業経済リサーチ＆デザインセンター『産開研論集』第32号（2020年3月）pp.1-11
10．「規模間生産性格差に関する業種別分析」日本中小企業学会編『ダイバーシティ経営と個性ある中小企業―持続可能社会形成を目指す中小企業の役割向上について―』（日本中小企業学会論集41）同友館（2022年7月）pp.131-144
11．「需要の増減が及ぼす規模別生産性への影響」前田啓一・池田潔・和田聡子編著『激動する世界経済と中小企業の新動態』御茶の水書房（2023年3月）pp.179-190

索　引

【著者紹介】

町田　光弘（まちだ　みつひろ）

1965 年　徳島県牟岐町生まれ。
神戸大学法学部、大阪大学経済学部卒業。
現在：大阪産業経済リサーチセンター（旧、大阪府立産業開発研究所）
　　　総括研究員。
著書：『大都市型産業集積と生産ネットワーク』（共編著）世界思想社、
　　　2012 年
　　　『日本のインキュベーション』（共著）ナカニシヤ出版、2008 年
　　　『中小企業研究序説』（共著）同友館、2019 年
　　　『激動する世界経済と中小企業の新動態』（共著）御茶の水書房、
　　　2023 年

2023 年 6 月 24 日　第 1 刷発行

受注環境変化と中小企業の規模間格差

著　者	町	田	光	弘
発行者	脇	坂	康	弘

〒113-0033 東京都文京区本郷 3-38-1
TEL. 03（3813）3966
FAX. 03（3818）2774
URL https://www.doyukan.co.jp/

発行所　株式会社 同友館

落丁・乱丁本はお取替えいたします。
ISBN 978-4-496-05656-7

三美印刷／東京美術紙工
Printed in Japan